95歳、余裕綽々《しゃくしゃく》
世界最高齢パイロットの人生操縦術

高橋 淳

ワニブックス
PLUS新書

はじめに

はじめまして。高橋淳と申します。2014年に「現役最年長パイロット」としてギネスに認定された僕ですが、95歳になった今も現役で、毎週のように空を飛んでいます。飛行機乗りとしてのキャリアは80年近くになります。

パイロットになることは小学生の頃からの夢でした。16歳で初めてグライダーに乗り、18歳で予科練（海軍飛行予科練習生）に入隊。軍人になりたかったわけではなく、飛行機の免状が欲しくて予科練に入ったのですが、ほどなくして太平洋戦争が始まってしまい、僕は戦地へ赴くことになります。

一式陸上攻撃機の操縦士として南方戦線や沖縄方面に出撃し、数々の危険な任務にあたりました。仲間が続々と死んでいく中、僕はどうにか生き残ることができ、終戦後は民間の小型機のパイロットに。そして、現在に至ります。

「95歳で現役？　本当に大丈夫なの？」

そう思われる方も多いでしょうが、今も健康そのものですし、万が一に備えて副操縦士も同乗しますから、ご心配は無用です。将来に対する不安もありません。機上においても地上においても、視界良好といったところです。

僕と初めて会った方はたいてい、「背筋がまっすぐですね」「声が大きくて滑舌がいいですね」などと言って驚きます。そして、こう尋ねてきます。

「どうしたらそんなにいつまでも若くいられるんですか？」

僕には自分が老人だという自覚はなく、老化防止のトレーニングなども一切やったことがないため、これまでそういった問いに対して明快な答えを出すことはできませんでした。しかし、今回この本の出版の企画をいただいたのを機に、あれこれと自分の人生を振り返ってみました。戦時中のこと、仕事のこと、健康のこと、衣食住のこと、お金のこと、人間関係のこと……。

すると、ある共通の心がけに気づきました。それは、「いつも問題が起きぬよう、仮に起きたとしても、大きくこじれないように気を配ってきた」ということです。

戦争はトラブルの最たるものですが、そこをどうにか生き抜いたことで、危機管理能力が磨かれたのかもしれません。これまで家庭を円満に保つことができたのも、人付き合いで大きな問題を起こさなかったのも、そしてこうして今も元気でいられるのも、人生を安全第一で操縦してきたからだと言えそうです。

本書ではまず、自己紹介がてら飛行機乗りとしての歴史を振り返りますが、第2章以降では主に、僕の日常的な心がけなどについて語ります。普遍的な題材が多いため、人生や老いに不安を感じるすべての方々にとって、なんらかの指針になるかもしれません。少しでもみなさまのお役に立てたら幸いです。

目次

第3章 幸福になるための取捨選択 97

第1章　飛行機乗りとしての歴史

模型飛行機に夢中だった少年期

将来はパイロットになろう。

そう決心したのは、小学校高学年の頃だ。僕は大正11年（１９２２年）生まれだから、昭和ひとけたの頃の話さ。当時は男の子の多くが飛行機乗りに憧れたもんだが、僕の場合、その夢を実現しやすい環境に育ったと言えるね。

親がパイロットだった？　いやいや、違う。高橋家は代々医者家系で、父親も医者をやっていたんだ。赤坂の溜池ってところに病院を構え、その近くに本宅もあったらしいんだが、僕が生まれた直後に関東大震災で両方とも焼けちまってね。不幸中の幸い、大森に別荘があったから、その敷地内に病院を移し、僕は別荘で育ったんだ。

僕は4人兄弟の末っ子でね。兄2人、姉1人。その姉とは9つも年が離れていて、おまけに僕が小学校低学年のときに父親が死んじまったから、僕はお袋から猫かわいがりされて育ったのさ。

小中一貫教育している進学校に入れてもらったはいいけど、僕はとにかく勉強が大嫌いでね（笑）。小学校4年生の頃から、模型飛行機で遊んでばかりいたんだ。

組み立てキットを買って作ったり、竹ひごで骨組みして飛行機を自作したりしては、家の広い庭でよく飛ばして遊んでいたよ。ゴム動力のプロペラ機だったけど、これが結構飛ぶんだわ。飛距離を競う大会にもよく出たな。

勉強なんてそっちのけで遊んでいたから、当然、学校の成績はひどいもんだった。それでもお袋はまったく怒りはしなかったよ。

「一番なんて目指さなくていい」

「何事も真ん中あたりがちょうどいい」

そう言って、僕を奔放に育ててくれた。

それをいいことに、小学校6年生ぐらいになると僕は、学校帰りによく銀座のデパートへ遊びに行っていたな。家が医者で金持ちだったから、そのデパートの呉服部の従業員がよくうちに商品を売りに来ていて、僕とも顔見知りだったんだ。だからデパートに寄り道しておもちゃ売り場に行っては、「呉服部の○○さんにツケておいて」と言って、よく模型飛行機などを買って帰っていたんだ。小学生がツケで買い物だぜ？　生意気だよなぁ（笑）。

でもそうやって勝手気ままに遊んでいるうちに、飛行機の仕組みにどんどん詳しくなっていってね。「将来は自分で飛行機を操縦してみたい」と思うようになっていったというわけさ。

お金持ちの家で育ったから、小さな頃から飛行機のおもちゃに触れる機会がたくさんあった。そして末っ子だったから、母親は僕を自由に育ててくれたし、医者を継ぐことも考えなくてよかった。

そういう好条件が重なったからこそ、僕は「パイロットになる」という夢を叶えることができたのかもしれないね。

東京日日新聞社（現・毎日新聞社）勤務の長兄（右端）のツテで初めて飛行機に乗った小学校５年生の頃の筆者（中央）

予科練に入ったら戦争が勃発！

そんな僕が、自分の操縦で初めて空を飛んだのは、16歳のときだった。昭和13年（1938年）、日本でも戦争が始まりそうな緊迫した空気が漂っていた頃だね。千葉県の鹿島灘で当時の東京日日新聞社（現・毎日新聞社）が開催したグライダーの講習会に参加したんだ。

当時のグライダーは、パチンコ式といってね。機体のお尻に杭をつけて固定し、機体の先にゴムをつけて、6、7人でゴムをV字型に引っ張る。で、ゴムが伸び切ったところで杭を外すと、機体がピューーッとパチンコ玉みたいに飛んでいくという仕組みだ。

最初のフライト時間は30秒程度だったな。操縦席に覆いはなく、全身丸出し。しかも1人乗りだから教官を乗っけるわけにはいかず、初心者でもすべて自分で操縦しなけりゃいけなかったけど、まあ、気持ち良かったよ。

グライダーはそれから何年か続けた。その頃にはどうすればパイロットになれるか、本気で考えるようになっていたな。

操縦士の免状を取るには、民間の飛行機学校に入る方法もあった。でも当時は、日中戦争が起きて軍隊が中国に行っているような時代で、20歳になれば徴兵検査を受けさせられて、軍隊に入ることは確実だった。だったら最初から軍隊でパイロットになってやろうと思って、予科練を選んだのさ。

予科練ってのは「海軍飛行予科練習生」の略で、少年を集めて海軍のパイロットとか偵察員などの搭乗員を養成する制度のことだ。

この進路選択について、家族はまったく反対しなかったよ。あとで聞いたら、

「甘やかされて育ったお坊ちゃんだから、すぐに厳しい軍隊生活に嫌気がさして尻尾を巻いて帰ってくるだろう」って考えていたらしい。

予科練に入るには学科試験があって、合格率が何十分の一っていう難関だった。勉強嫌いの僕も、このときばかりは必死で勉強したよ。その甲斐《かい》あって試験には受かったんだが、そのあとに適性検査ってのもあった。操縦士の適性がないと判断されると、偵察員、無線通信士、機銃士などに回されちまうんだ。

適性検査ではなんと、占い師から手相や人相まで見られたから驚いたよ。死相が出ていると落とされちまうらしい。今じゃ考えられない審査方法だけど、本当の話さ。８００人いた同期生のうち、操縦士組に残れたのは3分の1くらいだったかな。

僕は占い審査も通過して、操縦士組に入れた。ただ僕は、軍人になりたかったわけじゃなかった。予科練に入ったのはあくまで飛行機乗りになるための手段で、何年かしたら除隊して、民間パイロットになるつもりでいたんだよ。

ところが入隊してすぐ、真珠湾攻撃が始まっちまったんだ。

いずれ戦争が起こりそうな気配はあったけど、まさかそんなに早く太平洋戦争がおっ始まるとは夢にも思わなかったよ。

あのニュースを聞いた瞬間、「ああ、とんでもねえことになっちまったな」って、ため息をついたね。

見事、操縦士の仲間入りをした青年時代

待っていたのは鬼教官のしごき

予科練の訓練は、茨城の土浦航空隊という基地で始まったんだが、まあ、とにかくキツかった。今までの人生で一番苦しかった時期と言っても過言じゃない。もう一度体験しろ、と言われたら絶対にお断りだね。

野郎ばかりの宿舎生活で、外出が許されるのは日曜日だけ。夏休み以外は、外泊も許されない。毎朝早くに起こされて、午前中の学科が終われば、あとはぶっ通しで体育の授業だ。海軍の体操は「殺人体操」なんて呼ばれていたくらいキツかった。

走り込み、組体操など、いろいろやったが、特にしんどかったのが、週に数回、霞ヶ浦で行われるボート訓練だ。カッターと呼ばれる手漕ぎボートに片側6人、計12人で乗るんだが、オールがデカくて重いから体を浮かさないと漕げない。毎回、お尻の皮がベロンベロンに剥《む》けて痛くてたまらなかったな。

今じゃ考えられないような厳しい体罰も当たり前のように行われていたよ。精神注入棒と呼ばれるデカい樫《かし》のこん棒で、教官から毎日のようにブッ叩かれる。自分は悪くなくても、グループの中の誰かがヘマをすれば全員が体罰を食らうんだ。

立たされて、両手を上げさせられて、後ろから思い切りスパーンとやられる。場合によっちゃ1発じゃ済まず、ブッ倒れるまで何発も殴られることもあった。そうやって連帯責任ってものを骨の髄まで叩き込まれたよ。

そんなこんなで死ぬほどつらい毎日だったけど、途中で逃げ出す奴はいなかったな。みんなパイロットになりたくて必死だったんだろう。

1年少々続いた予科練の基礎課程では、飛行機ではなくグライダーで飛行訓練をした。グライダーの操縦はお手の物だったから、ほとんど僕が教官みたいな役目を担っていたな。

その後、パイロット・コースに進み、いよいよ飛行機の操縦訓練が始まった。練習に使われたのは九三式陸上中間練習機、通称「赤とんぼ」ってやつだ。操縦席に風防なんてついちゃいないから、飛んでいるときはものすごい風圧さ。エンジンをかけるときは、発電機を手でぐるぐる回さなきゃいけない。まあ昔ながらの飛行機だ。

こいつを素人同然の練習生が操縦するもんだから、事故は日常茶飯事だった。着陸をミスって車輪を折っちまう奴、機体をひっくり返しちまう奴、いろいろいたね。

練習機は頑丈で、ちょっとやそっとの事故ではケガをしないような作りにはなっていたけど、まあ危なっかしい訓練だったよ。

でもそれも致し方なかった。なんせその頃にはもう太平洋戦争が始まっていたから、じっくりパイロットを育成している余裕なんてなかったんだ。今セスナに乗ろうと思ったら25時間くらい飛行訓練をしなきゃ独りで飛べないが、当時はたったの10時間で単独飛行だ。それで飛べないと操縦士としては失格扱いさ。

また、現在は空中操作をたっぷり学んでから離着陸の訓練をするが、当時の海軍はまったく逆で、最初は離着陸の訓練ばかりをやらされた。まず離着陸を叩き込んでから単独飛行をやって、そのあと急旋回とかアクロバットとか編隊飛行などの高度なテクニックを学ぶという流れだったな。

零戦に乗らなかった理由

空を飛んでいる間も、教官の指導は荒っぽかった。

いや、あれは指導と呼べるシロモノじゃねえな。練習生が何かヘマをする度に、操縦席の後ろからこん棒で頭をパコーンと叩く。それだけだ。口頭で何かを教わった記憶はないね。僕は幸いグライダーの経験があったから、6時間ほどで単独飛行に入れたけどさ。

赤とんぼを使った訓練を半年ほどやったら、今度は機種別の訓練だ。

海軍機には戦闘機や爆撃機などいろんな種類があるんだが、いずれにしても航空母艦に載せる「艦上機」と、陸上基地で離発着する「陸上機」とに分類される。

僕は陸上機の大型機を選んだ。なんでかというと、船に乗りたくなかったからだ。

予科練での教育中、古い戦艦に乗って実習したとき、艦内が窮屈で大変な思いをしたんだよ。

艦内は当時の日本人の平均身長155センチくらいに合わせて設計されていた。ところが僕は180センチあったから、

訓練の苦楽を共にした仲間たちと（著者は左下）

天井や扉にしょっちゅう頭をぶつけていた。艦内は狭い上、迷路のようになっていて、しかも暗いときている。そこをすばしっこく走り回れったって、このデカい体じゃ無理ってもんさ。それに懲りて、二度と船には乗るまいと決めたんだ。

そりゃ、零戦に乗ってみたいって気持ちはあったよ。でも、零戦は航空母艦から離着陸する機体だから、船に乗らなきゃならないだろ。それだけはどうしてもイヤだったから、諦めることにしたのさ。

小さい赤とんぼから陸上大型機に乗り換えるにあたって、またまた訓練の始まりだ。当時、大型機の練習機はなかったから、九六式陸上攻撃機っていう実戦で使われている双発の大型機で訓練することになった。

双発機ってのはプロペラ、つまりエンジンが両翼に一つずつ装備されている機体のことさ。

日中戦争で中国本土攻撃に使われた九六陸攻は、台湾の北西部の新竹ってところに配備されていた。新竹で初めて九六陸攻を見たときは、その大きさにビックリしたね。

赤とんぼの翼の長さは11メートルだったが、九六陸攻は25メートルもある。おまけに操縦桿《かん》もスティックからホイールに変わった。バイクからトラックに乗り換えるようなもんだから大いに戸惑ったよ。

ただ、ここでの訓練生活は予科練みたいに殴られっぱなしってことはなくて、ある程度、人間的に扱ってもらえた。台湾には果物でもなんでも食べるものはいっぱいあったし、戦況もまだそこまでひどくはなかったから、平和っちゃ平和だったよ。

3ヶ月間の特訓も終わりにさしかかった頃、上海まで長距離飛行をやったんだが、そのときちょうど僕の兄貴が仕事で上海に来ていてね。みんなを連れていってお酒をおごってくれたよ。

卒業の暁には、教官が夜の繁華街に連れていってくれた。戦地に送られる前にせいぜい羽目を外しとけってことだったんだろうな。

仲間が大勢やられた危険任務

昭和18年（１９４３年）の後半、特訓を終えた僕たち数名は、新部隊の７３２航空隊に加わることになった。７３２は新型の一式陸上攻撃機の部隊で、日本からマレー半島の北部、ペナンの対岸、アエルタワル基地に移動する途中で台南に寄ってくれて、僕たちを拾ってくれた。

一式陸攻は、九六陸攻以上にデカかった。翼が25メートル、胴体が20メートル近くあって、寸胴で中はガランとしている。背の高い僕でさえ、立ったまま機内のお尻まで走ることができたよ。

任務で一式を飛ばすときは通常7人で乗るんだが、732航空隊は試験的に作った部隊で、「5人で乗れ」っていう命令が下った。だからコ・パイロット（副操縦士）がいなくて、驚いたことに僕はいきなりキャプテンに任命されちまった。

まだ21歳で訓練生上がり、コ・パイの経験もないのにだよ。それから2ヶ月間ほど訓練を積んだのち、基地はアエルタワルからニューギニ

一式陸上攻撃機のキャプテンに任命された

アに近いダバオへ移動した。

そしてついに、最初の出撃命令だ。昭和19年（１９４４年）の春、ニューギニアへの爆撃さ。真っ暗な夜中に、９機編隊で出撃した。高度７０００から８０００メートルを飛び、そこから爆弾を落とすって作戦だ。

敵が下から高射砲で反撃してくる。だが、こっちは随分高いところにいるから弾は届かない。その晩は全機、無事に帰還したよ。その後も、次々と命令が下った。索敵に爆撃、魚雷攻撃、物資の輸送任務もあったな。

危険なのは、索敵と魚雷攻撃だ。索敵ってのは偵察のことで、片道１１００キロくらいをまっすぐ飛んでから横に１００キロくらい飛ぶ。そしてまた１１００キロくらい飛んで基地に戻る三角コースだ。何も見つからなければそのまま基地に帰ることになる。

しかし索敵に出て、敵の艦隊を見つけたら、その上空まで味方の攻撃隊を誘導しなけりゃいけない。こっちから敵艦が見えるってことは、敵からもこっちが見えるってことだ。当然、敵の空母から戦闘機が続々と追いかけてくる。

索敵に出て敵艦隊を見つけた機体は、たいがい撃ち落とされちまって、帰還することが少なかったな。幸い、僕はデカい部隊を見つけたことがなかったがね。

一方、雷撃ってのも、消耗が激しくてね。10機で出撃したら、まず半分は帰ってこない。それほど危険なのに、効率が悪いときている。敵艦も動いていれば、こっちも動いているから、なかなか命中しないわけさ。

雷撃は、敵機の1000メートル手前あたりで魚雷を落とさなきゃいけない。1000メートルといったら、すぐ目の前に敵艦がいるようなもんだ。当然、機銃などで攻撃してくるから、海面から3メートルから5メートルくらいの超低空を這うようにして近づいていく。敵艦も甲板より低いところは機銃以外では防御できないからな。

そうやって近づいて、魚雷を発射したら逃げるんだが、そのとき、慌てて機体を上昇させたら、敵の標的になっちまう。だから低空飛行で逃げるわけだが、それはそれで、ものすごく危険なんだ。ちょっとした操縦ミスで海にドボンしてお陀仏だから、刻一刻と神経がすり減っていくし、緊張で汗びっしょりになる。

だが、低く飛ぶのを怖がっていた奴は、みんなやられちまった。なお、

超低空雷撃中の一式陸上攻撃機

敵艦から離れたあとの逃げ方には裏技があるんだが、それについては107ページで触れるとするよ。

特攻隊に選ばれちまった！

出撃したまま帰ってこない仲間も大勢いたが、僕はいつだって「必ず生きて帰ってくる」という信念で飛んでいた。一緒に乗っていた仲間には、よくこう言ったよ。

「遺書なんか書くなよ。おまえらを死なせやしないから」って。

732飛行隊としての最後の出撃は、昭和19年（1944年）の夏頃だった。

サイパンやテニアンに上陸してきた連合軍をやっつけろっていう命令だ。

その頃にはもう、日本には勝ち目がないってことはわかっていた。あっちは数で圧倒的。対するこっちは、軍艦も飛行機もやられっぱなしだ。だが命令された以上、出撃するしかないんだよ。

トラック島から飛び立って、雷撃と爆撃を1回ずつやった。40機ぐらいあった我が732航空隊も、2、3機を残して全部やられちまった。マリアナ沖海戦に続いて、サイパンもテニアンも連合軍に負けたのさ。

結局、732部隊は解散。生き残った僕は日本へ帰ることになり、愛知県の豊橋航空隊に移って大型機の教官をやることになった。

だが内地に戻ったのもつかの間、半年と少しが経つと、ついに連合軍が沖縄に上陸してきた。前線からいったん退いた僕も、また前線に逆戻りだ。沖縄攻撃のための部隊が編成されることになったのさ。しかも今度は大型機の特攻隊。

玉砕覚悟の体当たり部隊だ。

僕を含めて、パイロットのほとんどは激戦をなんとか生き延びてきた人間だから、自爆攻撃なんてやりたくないってのが本音だった。だが、イヤだなんて言えるわけがない。

最初に隊長が決まった。藤川という大尉だった。それから、妻帯者や長男、一人っ子などを除外して、〝いなくなっても困らない人間〟の中から順に隊員を決めていく。

僕は独身の上に末っ子だったから、隊長の次に「高橋！」って名前が呼ばれちまった。いや参ったよ、本当に。どうやって逃げてやろうかと思った。大きな飛行機で特攻をかけたところで、当時の戦況では敵艦までたどり着けっこないんだから。

だが、命令は命令だ。腹をくくるしかない。

「藤川特別攻撃隊」と命名された部隊の一員として、鹿児島県の出水《いずみ》にあった基地に移動した。そのあとすぐ、何も知らないうちのお袋が豊橋の基地まで面会にやって来てね。ちょうど僕たちが出水に出発した翌日で、「ご子息は特攻隊として昨日出発しました」と聞かされた。

僕は家にあんまり連絡するほうじゃなかったから、特攻隊に選ばれたことも伝えていなかったんだ。お袋は「淳にはもう会えない」って思っ

末っ子だった筆者をとにかくかわいがってくれた母・梅子

ただろうね。

ところが出水に着いたら、なんと特攻の解散命令だ。負け戦だし、大型機で特攻を仕掛けたところで、機体とベテラン・パイロットを無駄にするだけだと判断したらしい。その代わり、何回も攻撃してくれってことだろう。藤川特別攻撃隊は、出水部隊陸攻隊として通常の攻撃隊に早変わり。正直、ホッとしたよ。

沖縄で生き残ったのは僕の1機だけ

そんなある日、飛行機を整備していたら突然、空襲警報が鳴った。機内に財布が入った上着を置きっぱなしにしていたんだが、死んだら元も子もない。ほったらかしにして一目散に逃げたよ。そしたら見事にその機体が爆撃で炎上。生き延びたまでは良かったが、懐はスッカラカンだ。

しょうがないから、実家に電報を打った。

《ダイシキュウ、ソウキンサレタシ》

お袋はそりゃ驚いただろうよ。特攻隊として出撃したと思っていた息子から電報が来た。しかも内容が金の無心だ。こっちが思いもかけない大金を送ってきたよ。息子が生きているとわかって、よっぽどうれしかったんだろうな。

戦時中とはいえ、梅雨時だったせいもあり、毎日出撃するわけじゃなかった。出撃しないときはやることがないから、意外とのんびり過ごせたよ。本当ならピリピリしていておかしくないんだが、異常な世界に慣れちまって神経がまひしていたのかもな。

あるときなんか、出撃から帰ってきたら、基地が攻撃されていて滑走路が穴だらけ。とても降りられる状態じゃなかったから、熊本県の人吉《ひとよし》にあった山の中の飛行場に降りて、そこで2、3日、好き勝手に遊んでいたこともあった。僕は操縦士だったから、ほかの乗員よりも給料を多くもらえた。手当みたいなのがついたのさ。だから仲間を引き連れて、酒飲みや悪い遊びにも出かけた。時には温泉にも行ったよ。出撃しないときは、ロクなことをしていなかったな。だが、出撃すりゃ大勢死ぬ。生き延びたにしても、次、いつやられるかわからない。そういうギリギリのところにいたから、周りも大目に見てくれていたんじゃないかな。

出水に移って沖縄攻撃を始めたとき、飛行機は20機ぐらいあった。だが出撃する度、数がみるみる減っていく。飛行機は残り少ないし、負け戦だから、もう編隊も組めない。当然、戦闘機の護衛なんかつきゃしない。爆撃や雷撃に行く飛行機は、みんな1機ずつ、バラバラに飛んで行く。

夜中に突然、「おまえ、1機で攻撃してこい」って命令が下るんだ。むちゃ言うなと思ったけど、行くしかないし、同乗する仲間を死なせるわけにもいかない。爆撃だろうと雷撃だろうと、僕は変わらず「撃ち落とされてなるもんか」って思いながら操縦桿を握っていた。

沖縄攻撃を始めて3ヶ月後の昭和20年（1945年）7月。そのときにはもう、僕の機体以外1機も残っていなかった。転勤した乗員を除いてあとは全員、戦死だ。

部隊は解散になり、僕は北海道の美幌《びほろ》への移動を命じられた。

すぐに機体の修理にかかったが、出発するまで半月ぐらいかかった。それだけ僕の機体も被弾していたってことさ。翼の先とか胴体とか、穴だらけだったな。機体が直ると、仲間を乗せて北海道に向けて飛び立った。九州から北海道までは1日で飛べる距離だが、機体がボロボロだったから無理はしなかったさ。危険な太平洋側は避けて、途中の温泉で休んだりしながら、日本海側のコースをノロノロと飛んだよ。

結局、青森の上空でエンジンからオイルが漏れ始めちまって、三沢基地に緊急着陸した。整備士が見たところ、すぐには直りそうもないという。しょうがないから、列車と船で行こうということになった。

そして、8月15日。

僕たちは青森県の波止場で玉音放送を聞いた。受信状態が悪くて、最初は「どうせ激励の放送だろう」と思ったが、やがて終戦だとわかった。やれやれ助かった。それだけだったたな。仲間たちもみんな、心からホッとした様子だったよ。

予定通り美幌の基地に着くと、連合軍から8月25日に飛行禁止令が出ると聞かされた。そいつはまずいということになり、飛べなくなる前に、残っている美幌の一式陸攻などで隊員を故郷に帰そうという話になったんだ。

僕の飛行機は8月22日か23日に飛び立つ予定だったが、あいにくどちらも天気が悪くてね。24日になっても一向に天気が回復しない。だが25日になったら飛べなくなっちまうから、一式陸攻に20人ぐらい乗っけて、雲の中に突っ込むのを覚悟で飛び立った。

降り立ったのは宮城県の松島基地。そこで乗員全員が除隊になって、僕もついに軍人パイロットとしてお役御免になった。

そのときに慰労金というのかな、当時の金で2000円もらった。昭和20年の2000円だから、えらく金持ちになった気分だったよ。その金で列車を乗り継いで、お袋が疎開していた神奈川の茅ヶ崎まで帰った。久しぶりに息子の顔を見たお袋は、そりゃ喜んださ。

今にして思えば、ありゃどうみても勝てっこない戦争だったな。

だが、いい経験をしたと思うよ。強い精神力が養われたし、フライトの技術的なこともいろいろ学ぶことができた。実際、それが戦後に役立ったからね。

戦後しばらくは一般職に就いたが……

連合軍の飛行禁止令によって、戦後しばらくは空を飛べなかった。その間、僕は飛行機とはまったく関係のない仕事をいくつか経験して、それなりに楽しい日々を送っていたんだが、心がどうも満たされなかった。やっぱりパイロットとして空を飛びたいという思いが強かったんだね。

そして昭和27年（1952年）、ようやく飛行禁止令が解除されたんだ。待ち望んでいた航空再開だ。どうやって飛んでやろうかって考えたね。

真っ先に飛行を再開したのが、警察予備隊（今の自衛隊）だ。だが、軍隊は懲りているし、軍服なんぞ着るのもイヤだ。

そのあと、日本航空が旅客機操縦士の募集を行ってね。ノースウエスト航空と提携して、マーチン202っていう双発の旅客機3機で旅客輸送を始めるってことだった。

これには僕も飛びついた。ところが行って話を聞いてみたら「パイロットはアメリカ人で日本人は当分客室サービスのパーサーだ」って言いやがる。それで頭にきて「そんなのご免だ」って帰ってきちまった。

実は、パーサーとして乗って徐々に操縦を習うってことだったらしいが、そんなことこっちは知らねえもの。

なお、これには後日談がある。マーチン２０２の３機のうちの１機が、その年に伊豆大島の三原山に墜落して、乗客と乗員37人が全員死んじまったんだ。もし日航に入っていたら、僕も巻き込まれていたかもしれない。死んじまった人には悪いが、正直、胸を撫で下ろしたよ。

そんなある日、戦前にグライダーをやっていたときの教官にばったり出くわしてね。

「また一緒にグライダーを作ろうや」

そう誘われて、神奈川県の藤沢飛行場でグライダークラブを始めることにしたんだ。

『新日本グライダー研究会』っていう看板を掲げて、自分たちでグライダーを作ってそれを飛ばした。戦前は中学校で盛んにグライダー教育が行われていて、文部省型っていう機体が使われていた。図面をもとにそいつを作ったのさ。久しぶりに空を飛べて、本当にうれしかったな。

戦前に取ったライセンスはすべて無効になっていたから、グライダーの免許は取り直した。グライダーと飛行機の教官用免許と、飛行機の事業用免許も取得して、クラブでは教官もやったよ。

飛行再開を待ち望んでいたのは、

連盟所有のグライダーで離陸前に撮った１枚

もちろん僕たちだけじゃなかった。

予科練時代の同期はほとんど戦死していたが、後輩たちが『日本青年飛行連盟』っていう社団法人を作ってね。そこに、戦前にパイロット養成をやっていた航空機乗員養成所ＯＢの集まり『鵬（おおとり）会』って組織が合併して、昭和28年（１９５３年）に『社団法人日本飛行連盟』（以下「飛行連盟」）ができた。僕たち新日本グライダー研究会もそこに合流したんだ。

アマ・パイロットの養成が大ヒット

飛行連盟は、航空会社が必要としていた定期便のパイロット養成に力を入れた。航空再開になって、ちょうど全日空の前身会社ができたばっかりだったし、パイロットが足りなかったんだよ。僕はグライダーと並行して、ライン・パイロット養成の教官もやるようになった。

だがパイロット養成の訓練料金だけじゃ、組織を維持するための金にはならない。だから、航空写真の撮影、ビラ撒き、宣伝放送まで、飛行連盟はあらゆる仕事を引き受けていた。僕もパイロットとして、全国を飛び回ったよ。

当時の飛行連盟にはセスナ1機しかなくてね。何から何まで、たった1機の飛行機で仕事を切り回していた。このセスナにしても、寄付してもらった機体だった。組織ができたばかりで、とにかく金がなかったんだ。


そんなことをやって5年も経つと、ライン・パイロットの養成が一段落しちまった。さて、次に何をするかってことになり、今度はアマチュア・パイロットを育てようということになったのさ。

飛行機を飛ばして仕事をするには当然、免許がいる。タクシーだって事業免許が必要だが、飛行機の世界も同じだよ。飛行連盟も当然、事業免許を持っていた。だが、アマチュア・パイロットは仕事で飛ぶわけじゃない。趣味、スポーツだ。

つまり、アマチュア・パイロットの養成は「スポーツ航空事業」ってことになる。だったら事業免許はいらないって話になり、タイミングよく関西に事業免許を欲しがっている会社があったから、そこに事業免許とセスナ1機を売ることにしたんだ。

その頃、飛行連盟は神奈川県の藤沢飛行場に基地があった。その後、竜ヶ崎飛行場、調布飛行場へと移るんだけどね。

ところで、戦後、米軍の占領下にあった調布飛行場には米軍が運営するアメリカ人の軍人・軍属向けの飛行クラブがあったんだけど、閉鎖されることが決まってね。それまで使っていた飛行機が不要になるっていうから、事業免許とセスナを売っぱらった金で、いらなくなった飛行機を3機、譲ってもらったんだ。

エアロンカっていう2人乗りの機体だ。鉄パイプの骨組みに羽布を張っただけの古い飛行機。バッテリーなんかついていないから、手回しでエンジンをかけるんだよ。このエアロンカ3機でもって、アマチュア・パイロット養成のための『日本飛行クラブ』を始めたわけだ。

設定した訓練料金は決して安くなかった。教官つきで飛ぶと1時間5500円。今、同じ条件で飛ぼうと思ったら4万円以上かかるが、昭和30年代当時の大卒の初任給が1万円を少し超えるかって時代の話だ。

ところが当時は、僕らのほかにアマチュア・パイロットの養成をしている飛行クラブがなかったせいもあって、この新規事業が思いのほか大当たりしたのさ。おかげで飛行連盟は資金難を乗り切ることができたんだ。

赤十字飛行隊を結成し社会貢献

新しい事業が大成功したおかげで、金のなかった飛行連盟もちょっとずつ余裕が出てきた。それで何か社会に還元するようなことをしようって話になり、昭和38年（1963年）、僕を含む飛行連盟の人間11人でもって日本赤十字社直轄の赤十字飛行隊を作った。

初代隊長は源田実さん。元航空自衛隊の幕僚長で当時は参議院議員の先生よ。

赤十字飛行隊が発足した翌年の昭和39年（1964年）6月16日、新潟地震が起きた。その日は休みだったんで、僕は家族を車に乗せて軽井沢に向かっていた。当時はもう結婚していて、息子と娘がいたんだ。家族水入らずの楽しいドライブ。するとラジオから「新潟で大きな地震が発生しました」ってアナウンスだ。こりゃ大変だって、すぐに引き返したさ。

翌日、僕は看護婦と救援物資を乗っけて、藤沢飛行場から飛び立った。谷川岳あたりを越えた途端、黒い煙が立ち上っているのが目に入ってね。石油タンクが炎上していたのさ。

新潟市街の上空に差し掛かると、信濃川にかかる昭和大橋が崩落しているのが見えた。空港に着いてみると、管制との無線が通じない。おまけに滑走路はヘビみたいにうねっている。僕は滑走路の真ん中あたりにまっすぐなところを見つけて、許可も誘導もないまま勝手に機体を着陸させた。

驚いたね。あたり一面、水浸しだ。地面が液状化現象を起こして、芝地から吹き出した水が滑走路にまで溢れ出ていたのさ。2階建ての空港ビルは、1階が地中に沈んでいたよ。

赤十字の車に乗って市街地にも行ったが、戦災に遭った町かと思った。建物がすべてタテ方向に沈んでいて、それは酷《ひど》いもんだった。

赤十字飛行隊の飛行機は、その後も毎日のように藤沢と新潟を往復した。当時は自衛隊も消防もヘリコプターをそんなに持っていなかったから、赤十字飛行隊が頼みの綱だったんだよ。薬品の輸送などは特に喜ばれたね。

海水浴場のパトロールなんてのも随分やった。夏場は飛行連盟の基地が藤沢で、湘南海岸が近くにあるだろ。訓練生の練習がてら、パトロール飛行をしていたわけだ。

湘南海岸には、夜通し酒を飲んで騒いでいるような若い連中がいたからね。

しょっちゅうヨットがひっくり返ったり、人が溺れたりした。沖のほうを低い高度で飛んで、転覆したヨットとプカプカ浮いている人を見つけると、救助隊に知らせて誘導したりしたもんさ。

赤十字飛行隊を組織したあとも、日本飛行クラブは相変わらず大盛況だった。おかげで規模も大きくなって、仙台や松本、九州にも支部を置いた。所有していた飛行機も、一番多いときには20機以上あったな。

僕は教官業も続けていたが、それ以外でも飛び回っていたよ。やっぱり人に教えるより、自分で飛ぶほうが面白いからね。天気が良ければ飛ぶ。悪くて飛べないときなんかは、午前中はボウリング、午後は麻雀。よく飛び、よく遊んだよ。

いろんな意味で大忙しだったんだが、僕はだんだん飛行連盟に属しているのが窮屈になってきた。組織が大きくなると、そこにいるのがイヤになっちまう性格なんだ。

49歳で独立。95歳の今も僕は現役だ！

昭和46年（１９７１年）、49歳のときに飛行連盟を辞めて、フリー・パイロットになった。

飛行連盟にいた20年近い間に、僕はアマチュアだけじゃなくてプロ・パイロットもかなり育てたからね。東京はもちろん、全国のあちこちの航空会社や整備会社に教え子が散らばっていたから、人脈ってやつがあったんだ。

調布飛行場にしたって、飛行連盟のほかに小型機を飛ばす会社がいくつかあった。もちろん、そういう会社でも社員のパイロットを抱えてはいるが、ギリギリの人数しか置いていないから、誰か１人でも休むと仕事に差し支える。そういうときに「明日、飛んでほしい」って僕に助っ人を頼んでくるのさ。

　僕はどんな機体でも乗りこなせるし、飛行機の操縦経験も豊富だ。ありがたいことに周りの人たちはパイロットとしての技術を高く評価してくれていたから、独立直後から、仕事にはまったく困らなかったよ。家族を食べさせなきゃいけなかったし、自分の小遣いだってちょっとは

フリー・パイロットとなり、空を駆け巡った

欲しい。だから頼まれた仕事はなんでもやったさ。

小型機パイロットの仕事内容は、言うなれば「空の便利屋」ってとこだな。

多かったのは航空測量と斜め写真撮影だ。例えば国内地図を作るために、カメラマンを乗っけて目的地上空に行って写真が撮りやすいように飛行機を飛ばす。

それから、機体のテスト飛行。新しい飛行機を海外から輸入した際、マニュアル通りの性能かどうか、計器類が正常に動くかどうか、実際に飛ばして確認する。機体をオーバーホールしたあとにも、同じようなテストをするね。

昔は飛行機にスピーカーを積んで、空から宣伝放送を流すって仕事もたくさんあった。実はこいつが一番、航空会社が儲かったんだけど、今は法律の規制でできなくなっちまったな。

あとは、パイロットをトレーニングする教官業もやるし、遊覧飛行とか報道やテレビ、映画の仕事もある。会社の重役機や個人のお抱えパイロットをやったり、アマチュア・パイロットから個人的に頼まれて教官をしたりってこともあったね。

まあ、そんなこんなで、あちこち飛び回ってきたわけよ。

僕は今でも現役だが、さすがにこの年だから、昔みたいになんで

テレビの特番で女優の浅茅陽子さんの飛行訓練も担当。この後、浅茅さんはアメリカで小型機を操縦した

もかんでも仕事を引き受けて毎日飛び回っているわけじゃない。今は日本飛行連盟の名誉会長をやっていて、少なくとも週に1日は調布飛行場にある事務所に顔を出しているよ。

あとは毎週末、静岡県の富士川滑空場に出かけて、静岡県航空協会の社会人クラブでグライダーや小型機の教官をやっている。このところはグライダーに同乗することは少なくて、グライダーを曳航《えいこう》する飛行機を操縦していることのほうが多いな。このクラブとはもう40年以上の付き合いになる。

それから、赤十字飛行隊では4代目の隊長を務めている。ほかにも、講演会で話をしたり、お役所関係の話し合いに出席したり、95歳の今もなんだかんだいろいろやっているな。僕は家の中でじっとしているのは好きじゃないから、仕事が多いのはありがたいことだと思っているよ。

第2章

95歳の今も現役でいられる極意

胸を張って歩こう！

95歳。

まあ一般的に言ったら、病院や老人ホームで寝込んじまっていてもおかしくない年齢なんだろうけど、こと僕に関して言えば、老いを感じる機会はほとんどないね。

そりゃ昔と比べたら体力は若干落ちてはいるが、今だって週に一度は仕事で飛行機を操縦しているし、日常生活で困るようなことだって何一つない。

パイロットは精密な航空身体検査を毎年受けるんだが、数値的な意味でも、この20年間ほど、ほとんど何も変わっちゃいないんだ。

体重は40代の頃からずっと60キロ弱をキープしている。身長こそ１８０センチあったのがいつの間にか1～2センチ縮んじまったけども、30年前にあつらえたスーツを今でもそのまんま着ている。

視力もいいよ。両目ともまだ1・0ある。聴力だって普通の日常会話は問題ない。

体調もすこぶるいい。たまに動きすぎると腰が痛くなることはあるが、仕事や生活にはまったく支障がないね。

「淳さん、老けない秘訣を教えてくださいよ」

なんて聞かれることがよくある。体の使い方、気の持ちよう、それぞれいくつか秘訣があるような気がするけど、まずは一番簡単なことから教えようか。

胸を張って歩く。

これを常日頃から心がけるといいよ。人間、前屈《まえかが》みになると疲れちまうし、気も滅入っちまうから、歩くときは意識して胸を張ったほうがいい。そう、鳩みたいにね（笑）。そうすることで若々しくも見えるし、実際、体も若返るらしいんだ。

背筋を伸ばすことで、体幹や筋力が安定し、腰痛や肩こりが改善されるという話を聞いたことがある。それに加えて、内臓が正しい位置に保たれるから、新陳代謝も活発になり、便通が良くなったり、肌がきれいになったりする効果も期待できるそうだ。

さらに、胸を張ることで歩き方も正しくなり、下半身の筋肉が効率的に鍛えられ、太りにくい体質にもなるらしい。

僕がこの年になっても昔と同じ体重をキープしていられるのは、もちろん生まれつきの体質もあるだろうが、この「胸を張って歩く」という習慣をずっと続けてきたことも無関係ではない気がするな。

そんなこんなで、僕には老人という自覚がない。

物事を断るときだけは年寄りのフリをすることもあるけど、実際のところは年を食ったとは思っちゃいない。だから、「あと何年生きられるんだろう？」みたいな不安や寂しさを感じたこともないし、「何歳まで生きたい」ということもあまり考えたことがないんだ。

何歳だろうが、人間、死ぬときは死ぬ。そういう感覚で生きているよ。

ただ、僕は飛行機が大好きだから、「パイロットとして1日でも長く飛んでいたい」という思いは強い。現役最年長パイロットとしてギネス記録を更新中の身でもあるから、ひとまずは１００歳までは空を飛んでいたいな。それが今の目標だね。

食事は腹八分目、睡眠は8時間

巷《ちまた》じゃアンチエイジングなんて言葉が流行っているらしいが、僕は無理して体を鍛えるようなことは一切していない。健康のために意識していることといえば、さっき言った胸を張って歩くこと以外だと、「**食事は腹八分目**」に収めること、そして「**睡眠は毎日8時間程度**」は取るってことぐらいだね。

僕の1日の生活リズムを紹介しておこうか。

朝はだいたい7時に起きて、8時にリビングで朝食を摂る。メニューはフランスパンを一切れか二切れ。あとはサラダとコーヒーか牛乳だな。

昼食は家にいるときは日本そば、静岡の富士川でグライダーを飛ばしているときはおにぎり1個程度。食事中も食事後も、テレビはスポーツと動物番組以外はほとんど見ない。特にワイドショーはバカバカしいから見ないよ。芸能人が不倫しただのどうのって、そんなのどうでもよくないかい？

料理、洗濯、掃除などは一切やらない。家事は全部、女房や娘たちにお任せだね。ちなみにうちは最近ひ孫ができたばかりで、今は4世代同居状態なんだ。

天気が良けりゃ、午後に30分程度、胸を張って散歩をする。

その後、食前にジントニックを1杯だけ飲んでから、夕食だ。孫たちの好みに合わせてたまには洋食にも付き合うが、魚料理などのさっぱりした和食のほうが好きだな。ご飯は1膳半程度で、最後はお茶漬けで締める。間食や夜食はたまにする程度かな。

で、お風呂に入ってから、夜11時過ぎに寝る。だいたいこんな毎日だ。

食事の量が少ないな、と感じる人もいるかもしれないけど、戦時中、僕ら海軍のパイロットは食事が優遇されていて、毎日白米を食べていたんだ。おまけに毎日のように仲間が戦死して、彼らの分の食糧も回ってきたから、食糧難の時代にあっても、空腹で困った経験がなかった。その頃に「腹八分食べときゃ大丈夫」という習慣が身について、今に至っている気がするな。

ここ何十年、満腹になるまで食べた記憶がない。おかげでメタボとは無縁の生活を送っているよ。

お酒は人との付き合いでは飲むけど、家では夕食前のジントニック1杯だけ。もともとアルコールはなくても生きていけるタイプで、寝酒がなくてもぐっすり眠れる。

タバコはハタチの頃から70年間吸っていた。ポールモールっていうアメリカの銘柄が好きだったが、5、6年前にやめた。

それまで風邪を引いてもウガイすりゃ治っていたんだが、咳が3、4日続いて、タバコがまずく感じるようになったんだ。だから、1日20本吸っていたのを、15本、10本、5本と減らしていって、「このまま0本にしちまうか」と思い立って、やめちゃった。意志が強いのかもしれないが、また吸いたいと思ったことはないね。

禁煙すると太るというけど、体重は全然変わらなかった。医者からは「もうちょっと太ったほうがいい」と言われるが、太れないもんは仕方がないよな。でもこれまで大病を患ったことはないし、人間ドックに行ったこともない。内臓の不調は自分で治す力を持っていると思っているし、実際、今でも一晩寝りゃ治る。

丈夫な体に産んでくれたお袋に感謝しないといけないな。

天狗の鼻を自分でへシ折れ！

95歳になった今も、僕は飛行機だけじゃなく、自動車も日常的に運転する。だから高齢のドライバーが高速道路を逆走したニュースなんかを見聞きすると、自分も気をつけなくちゃいけねえな、とつくづく思うよ。

その手の事故は、認知症、あるいは長い運転経験による過信が原因であるケースが多いと聞く。ボケと過信。この両者を招かないための僕流の秘訣はこれだね。

毎日、何かを反省する。

人間、頭を使わないとボケる。だから僕は仕事でもなんでも、毎日ものすごく反省をするようにしているよ。普段なんでもない日でも、「今日はこういうことを言って女房の機嫌を損ねちまった。あれはまずかったな。明日から気をつけよう」とかね。

フライトの日もそう。1回飛んで着陸する度に、「ああ、今のはああすりゃもっと良かったんじゃないか」と必ず反省する。取材されて話をしても、帰る頃には「もうちょいこういうことを話せば良かったかな」なんて反省するのが癖になっている。とにかく、ボケっとしているタイミングが少ないんだ。

「飛行機の神様」なんて持ち上げてくれる人もいるけど、僕自身は全然、そんな気持ちを持っちゃいない。「俺は神様だ」「俺は鳥だ」なんて思い始めたら危険信号だね。それはいわゆる**「自信が過信」**になっちまっている状態だから、とても危ない。

ベテランのパイロットが起こすトラブルは、たいてい重大事故につながるんだ。これは一般職にも当てはまるんじゃないかな。勤続年数が長くて、自信が過信に変わっちまっているベテラン社員の起こすトラブルは、致命的なものが多い。


実は僕にも昔、そういううぬぼれた時期があるにはあったんだ。40代後半の頃の自分は、「俺よりうまいパイロットはこの世にいない」ぐらいに思って飛んでいた。当時から名人と言われていたからね。

でもあるときふと、気づいたんだ。「あれ？　なんだか自分の思うように操縦できていないぞ」と。同乗者はもちろん、プロが見てもわからないレベルの微妙な違和感だったが、とにかく納得いかないフライトが何回か続いた。自分のあらが、自分で見えちまったのさ。

それ以来、自分の技術を過信することをきっぱりやめて、今日に至るまで、毎日何かしらを反省するようになった。だからこれまで大きな事故を起こさずに済んだのかもしれないね。

パイロット歴30年目にして、天狗の鼻を自分でヘシ折ったんだ。僕らパイロットは鳥のまねをしているけど、残念ながら鳥にはなれない。そのことを肝に銘じつつ、安全第一でなるべく早くに陸地へ戻る。今はそういう飛び方を心がけているよ。

周囲から持ち上げられたり、自分で「俺はすごい」なんてうぬぼれ始めたりしたときこそ、反省をする。それが**人生を安全操縦するコツ**さ。

チェック、リチェック！

長いこと生きてきていろんな人間を見てきたが、つくづく思うのは、「完全な人間なんて1人もいやしねえな」ってことだな。もちろん、自分のことも含めてそう思うよ。

優秀な技術者が集まっている自動車メーカーだって、新しい車を設計して作って何回もテストしてから売り出すわけだが、やがてリコールが出たりするじゃない。完全な人間が作ってりゃリコールなんて出ないはずなんだ。でも人間は完全じゃないから、思いがけないトラブルが起きちまう。

飛行機だって同じこと。いくら優秀な技術者が機体を作って優秀なパイロットが操縦したって、思いもよらない事故やトラブル、欠陥が、いつなんどき発生するかはわからないわけさ。

だからこそ僕が常日頃から大切にしているのは、「チェック、リチェック」の心がけだね。

例えば飛行機に乗る場合は、出発前に、燃料、油圧、油温などなど、さまざまな項目をチェックリストをもとに確認する。で、1回チェックが完了したら、必ずもう1回、抜け落ちがないかをリチェックする。

若い頃はチェックだけやって、リチェックを怠っていたこともあるけど、ここ数十年は確認と再確認を欠かすことなくやっている。

この心がけは、日常生活でも徹底しているよ。例えばお風呂やトイレを使ったあとには、電気をパチンと消してから出てくるわけだが、もう1回必ず振り返って、ちゃんと消えているかどうかを確かめる。水道もそう。栓をしっかり閉めているかどうかを必ず再度確かめる。

そうした作業はすなわち、前項でも触れた「**己を過信しない**」ことにも通じるし、ひいては「**ボケない生き方**」にもつながるんじゃないかと思っているよ。

パイロットってのは、チェック魔なんだ。しかも一つのことだけに集中していたらダメで、視野を広く持って、すべてのことを慎重に見ないといけない。だからその習性が日常にも反映されちまっているんだろうな、

家に帰った瞬間に、「あ、あの引き出しが開いていやがる。女房が閉め忘れたな」なんてことにもすぐ気づく。最初のうちは口に出して注意していたけど、嫌がられるから今は言わない（笑）。

うちの子供たちにしても、出かけてから忘れ物に気づいて慌てて家に取りに

戻るなんてことをよくやっているが、僕はこの年齢になっても、そういうことは一切ないね。出かけるときに持っていく物は、いつも同じところにピタッと置いておくから。

そういう決めごとを一つ一つ、「チェック、リチェック」しながら守る癖を身につけておけば、出がけにバタつくなんてことはない。

つまり、心に余裕が生まれるんだ。

心に余裕があれば、仮に不測の事態が起きたとしても、慌てず騒がず対処できるし、大きなトラブルに発展することも防げるというわけさ。

言い争いは負けるが勝ち

近頃、キレる高齢者が増えているらしいね。飲食店などで、ちょっとしたことが原因で店員を怒鳴り散らしたり、相手が謝っても土下座を要求したり。

彼らがキレる原因は何なのか。自尊心が満たされないとか、社会に対して不満があるとか、要するに何かしらのストレスがたまっているんだろう。

人間、ある程度のストレスを持っていたほうがいいとは思うんだ。じゃないと、ボケちまうからね。だが問題は、そのストレスの発散方法だ。

若い人だったら車やバイク、カラオケやバッティングセンターなどでストレスの解消もできるだろうけど、体力がなく、遊び相手も少ない老人の場合は、そうした発散方法を用いることが容易じゃない。結果、店員や駅員など、こちらには決して歯向かってこないであろう相手に当たっちまう人も多いんじゃないかな。

まあなんにせよ、みっともねえことだな。僕にはまったく理解不能な行動だよ。なんせ僕は、争いごとが嫌いだし、いつでも楽しく笑って暮らしていたいと考える平和主義者だからさ。

僕は、人間関係のストレスを感じることがほとんどないんだ。というのも、そもそも人と争おうとしないし、万が一、争いが起きそうになったとしても、とっとと負けちまうのさ。負けるが勝ち、と思ってね。

例えば家庭内で、女房と「言った」「言わない」の水掛け論が始まりそうになったとする。

そういうときは、自分がとっとと悪者になっちまう。「あ、ごめん、ごめん。俺が間違っていたよ」と。そうすりゃ遺恨も残らないし、お互いにストレスもたまらないだろ。

70年近く連れ添ってくれているんだから、女房には感謝しかないよ。だから水掛け論は負けてあげる。それで家庭が丸く収まりゃ言うことないじゃない。

遊びにおいても勝ちにこだわり、ジャンケンだって負けたくない。そういう負けず嫌いな人も中にはいるよね。でも僕から言わせれば、そういう人は、「公私の切り替えができていない」んだと思うよ。

棋士が将棋で負けて悔しがるのはわかるが、家に帰ってから夫婦喧嘩で負けたって別に構わないだろ。僕はそう思うんだけど、どうだろう?

万事において負けず嫌いな人ほど、年老いてからプライドをこじらせちまって、つまらない癇癪《かんしゃく》を起こすような人になっちまうんじゃないかな。

公共の場で偉そうに怒鳴れば怒鳴るほど、周囲からは煙たがられ、馬鹿にされるだけだよ。自尊心が強すぎるあまり、軽蔑される。これほど皮肉な話もないよな。

そりゃ人間だからストレスがたまることもあるだろうが、そういうときはせめて家庭内で愚痴る程度にとどめておくべきだね。家庭内に愚痴を聞いてくれる相手がいなかったら？　近所のスナックのママにでも聞いてもらいなよ。相手はプロだから聞いてくれるさ。まあ、そんな客は、決してモテはしないだろうけどね（笑）。

80％の力を出せればＯＫ

「一番を目指さなくていい。何事も中庸《ちゅうよう》でいなさい」

これは、今は亡きお袋の言葉だ。僕はずっとそう言われて育ってきた。

その言葉を守ったというより、ただ単に勉強が嫌いだったせいもあって、僕は学校の成績で真ん中より上に行ったことがなかった。唯一、例外があるとすれば、予科練に入るときだけ。試験の競争率が何十倍だったから、そのときばかりは1年間だけ一生懸命、勉強をやったがね。

「中庸でいなさい」

どうしてお袋はそんなことを言うんだろう？　と最初は疑問に思ったが、年を取るにつれ、「なるほどな」と思う機会が多くなったね。なんでもかんでも全力で１００点満点を狙うような生き方をしていると、他人との壁ができちまうし、疲れちまうし、失敗したときにモロい。だから中庸でいい。僕はそう解釈しているよ。

ただ、僕にとっての予科練の学科試験のように、時には中庸じゃ足りない場面も出てくる。だからお袋の言葉を僕流にアレンジしつつ、いつもこう肝に銘じているよ。

力は80％出せば十分だし、目指すのも80点でいい。

さっき「心に余裕があれば大きなトラブルを防げる」と言ったが、それに通じる話でもあるね。つまり、どんなときも20％の余力を残しておけば、何があっても対応できるってことさ。

もちろん離陸前の機体のチェック、リチェックは100％でやらなきゃダメだが、フライト中は80％以上の力を出さないように心がけているよ。いつも100％の力で飛んでいたら、天候の変化やエンジンの故障が起きたときにパニックになっちまう。だから必ず20％の余力を残しておく。

日常生活でもそれは一緒だね。何事も中庸でOK。どうしても頑張らなきゃいけないときでも80％程度の力を出しときゃいいんじゃないかと思っている。

ところで僕は、野球のイチロー選手が好きでね。会って話したわけじゃないから実際のところはわからないけど、彼を見ていて感じるのは、「きっといつも70%から80%の力でプレーをしているんじゃないか。だから長年大きなケガをせず、ここぞの場面で活躍できるんじゃないか」ってことだ。

ギリギリいっぱいでプレーをしていたんじゃや、ああいうフェンスによじ登るような守備や、曲芸みたいなスライディングはできないはずさ。

イチロー選手を気に入っている理由がもう一つあってね。彼はCMやイベントにもよく出ているが、あれだけのスーパースターだ。きっと今さら本業以外のことについて、自分で自分を売り込むようなことはしていないだろうし、それで名前を売ろうって気もなさそうに見える。頼まれたからやる。そう見える佇《たたず》まいが好きなんだ。

僕も自分から何かを売り込んだりはしない。ただ、周りから頼まれた講演などに関しては、僕の技術や知識が少しでも役に立つんだったら、協力は惜しまないつもりさ。

人間は1人じゃ生きられない。僕もこれまで多くの人に支えられて生きてきたから、そういう形で世の中に恩返しをしたいと思っているよ。

「ほめて伸ばす」のがベスト

僕はパイロットでありながら、パイロットを育てる教官の仕事も山ほどやってきた。プロを育成するほか、商用ではなくレジャー目的で免状を欲しがる人も多くいるので、サラリーマンから金持ちの社長までいろんな人に飛行機の操縦を教えてきたよ。

人にものを教えるときに僕が心がけているのは、その人の技量と目的に合った教え方をするってこと。プロ志望者には厳しく教えることもあるが、レジャー目的の生徒さんの場合はたいてい、おだてながら教えているよ。

飛行機の練習はだいたい、1回につき1時間程度飛ぶ。相手がレジャー目的の場合、その1時間の間に、一から十まで言いたいことがあったとしても、ほんの二つか三つ程度のことしか実際には教えないね。あとはずっとほめているよ。

気持ち良く楽しく飛んでもらうことが第一なんだ。「うまいねえ」と言われれば誰だってその気になるし、もっともっとほめられたくて向上心も芽生えてくるもんだろ？　だから「いかにうまいほめ方をできるか」ってのが、良い教官の条件と言えるね。

この「ほめて伸ばす方法」は、戦後からずっと取り入れているよ。習う人ってのは、最初から上手に飛べるはずないわけさ。自分が最初の頃どうだったかな？　ってことを考えてみても、そうだもの。

ちなみに僕が戦争で海軍に入って飛行機を練習し始めたときは、前にも言った通り、教官から殴られっぱなしだった。戦地で何ヶ月か勤務したパイロットが休養のため内地に戻ってきて、その人が教官をする。でもまた数ヶ月するとその人は戦地に行ってしまうような状況だったので、ちゃんとした人材育成のシステムもなく、まともな教官もいなかったのさ。

よく「スパルタで教わった人は、自分もスパルタになる」と言われるけども、僕はそうはならなかった。僕はそもそも軍人じゃなくパイロットになりたかっただけの男だから、軍人精神には染まらなかったんだろう。それに僕は戦時中、飛行機の操縦を任されていて、仲間の命も預かっていたから、「なんとしても全員を生かして帰ってこなきゃ」という気持ちがとても強かったんだ。

今でもその気持ちに変わりはない。一緒に乗っているお客さんの命を預かっているんだから、不安を与えず、無事に楽しく飛んでもらうことを最優先するよう心がけているよ。

「今日は気持ち良く飛べたよ。ありがとう」と、お金をいただいた上にお礼を言われるようじゃなきゃ、プロの教官じゃないと思っている。

銀座のナイトクラブの接客だってそうだろ？　気持ち良くお酒を飲んでもらい、何十万もの料金をいただいた上、「今日は楽しかったよ。ありがとう」と言わせれば、プロのホステスだね。

どんな仕事でも「お金＋お礼」をもらえて初めて、プロフェッショナルと言えるんじゃないかな。

女性との交流が若さの秘訣

周りのご年配の方々……といってもたいていは僕よりも年下になるけど、やっぱり自分が好きなことに邁進《まいしん》している人は、みんな心が若いよね。

僕には飛行機という好きなものがあり、１００歳まで飛びたいという目標があるから、こうして元気でいられるのかもしれない。

あとはやっぱりなんと言っても、女性と遊ばなきゃダメだよね。といっても、後ろめたい遊びじゃないよ。ワイワイ楽しく会話をするだけだが、そういう交流を忘れちまったら、男は老け込む一方だよ。

今でも年に5、6回は、飛行機の関係者らが僕を囲む会を開いてくれるんだ。

毎回40人ぐらいが集まって、食事をしながら、だんらんをする。参加者の半数は女性だから、そりゃこっちも楽しくなるよね（笑）。

ある人いわく、「男性は自分の年齢を半分に割って、そこに7歳プラスした年齢の女性とベストマッチ」とのことだ。僕の場合は54歳ぐらいの女性がちょうどいいってことになる。実際、それぐらいの年齢の女性と話すと気が合うし、心も若くいられるような気がするんだ。ご婦人と楽しく付き合うことは、若さを保つ最大の秘訣かもしれないね。

女性と飛行機以外の楽しみ？　10年くらい前まではテニスをよくやっていたな。それもご婦人方とのテニス。

裕福な医者の息子に生まれたから、家にテニスコートがあってね。僕も10代の頃からテニスを始めて、ご婦人方を相手にさんざん接待テニスをしてきたよ。

お相手は初心者も中級者もいるから、みんながテニスを楽しめるように、それぞれの打ちやすいところにボールを落としてあげたりね。

下心？　ないない。人を喜ばせることが僕は性格的に好きなんだ。その当時の経験があるから、今もご婦人方を会話で楽しませるぐらいは朝飯前だよ。

あとは麻雀も好きだったな。70代ぐらいまでは調布の飛行場でよく飛んでいて、天気が悪いと夕方から仲間と麻雀を始めて、朝帰りすることもしょっちゅうだった。いっぺん天和《テンホー》という非常に珍しい役満をアガって、そのご祝儀でもって仲間に酒をおごってやったこともあったな。

そんなこんなで家で晩飯を食べない生活が続いたときもあったが、うちの女房はとやかく言わなかったね。「どうせいつか帰ってくるでしょ」という感覚でいたんだろうし、実際、朝にはちゃんと帰っていた。

僕にとっちゃ、女房は飛行場みたいな存在さ。あちこち飛んで行くけども、最後は必ず帰ってくる場所。結局、女房のもとが一番落ち着くんだよ。

年を取るごとに心が寂しくなっちまっている人は、きっと無趣味で何もしていらっしゃらないんじゃないかな。今からでも全然遅くなんかない。異性と話すことに限らず、何か自分が楽しいと思える趣味を一つでも見つけて、次の機会はいつなんだろうと心待ちにしてりゃ、きっと毎日をハツラツと過ごせるようになると思うよ。

高齢者こそオシャレを楽しもう！

年を取ってからの日々をハツラツと過ごす秘訣を、もう一つ思い出した。女性に限らず男性も、もっとオシャレを楽しむといいよ。

日本人はおしなべてファッションが地味だと思う。サラリーマンはみんな紺かグレーのスーツばかりを着ている印象。一方、アメリカ人は職場においても色とりどりのジャケットを着て働いている印象だけど、僕はそっちのほうがいいんじゃないかと思っているよ。

なんでかというと、オシャレでいたほうが気分的に若くいられるからさ。

僕は昔からオシャレをするのが大好きでね。それは女性にモテるためじゃなく、自分自身のためなんだ。だって毎日毎日、同じようなくすんだ色の服を着ている自分を鏡で見ていたら、飽きちまうし、気分も滅入るだろ。だから年齢を感じさせないようなカラフルな服やカジュアルな服を今でも着たいって思っちまう。

新しい服を買ったら家にいるのがもったいなくなり、外出して人と会うのが楽しくなって、身も心も若返っていくという寸法さ。

ここ最近はエドウィンのジーンズがお気に入りでね。股上の浅いジーンズが流行っているようだけど、今はいているのこの型は股上が深いから僕好みなんだ。夏用、冬用、両方あるし、色の落ち具合も何パターンか揃えている。

ジーンズのサイズは決まって32インチ。体型がずっと変わらないから、いつも試着せずに買うよ。僕は背が高いから、裾を切る必要もないんだ。

シャツやジャケットもジーンズに合うようなカジュアルなものが好きだね。今着ているシャツは、キャビンアテンダントをやっている息子の嫁さんが、フランスで買ってきてくれたものだ。色はカラフルなものが好き。真っ赤なシャツやジャケットだって平気で着ちゃうよ。

幸いにしてまだハゲちゃいないから、髪型にも一応、こだわっているよ。毎月、パーマをかけに行っている。なんでパーマなのかというと、僕の髪の毛は前向きに生えているので、長くなってくると顔にかかってうっとうしいんだ。特に飛行機に乗るときは邪魔だから、パーマをかけて後ろに流しているというわけさ。

オーデコロンも時々つけるよ。コンサートに行くなど、特別な日にね。音楽はウエスタン、ハワイアン、タヒチアン、それからディキシーランドなんかが好きだね。

熊本にウエスタンの第一人者のチャーリー永谷っていう素晴らしいミュージシャンがいて、僕は熊本に行く度に彼のライブハウスに寄るんだ。そうすると彼は必ず僕をお客さんに紹介してくれるんだ。そうやって人前に出ることが予想される日なんかは、僕も目一杯オシャレをして行くのさ。

アメリカと戦争はしたけども、僕はアメリカのファッションや音楽が大好きでね。アメリカに対する恨みつらみなんて、これっぽっちもないな。

もう戦争は終わったんだから、お互い恨みっこなしで楽しく過ごそうよ、って僕は思っているよ。

第3章

幸福になるための取捨選択

すべてを脳に刻み込む！

僕は昔から、時間だけはきっちり守る男だ。遅刻しそうになって自分がハラハラするのもイヤだし、相手を待たせてしまうのも失礼だと思っている。時間っていうのは誰にとっても貴重なものだからね。

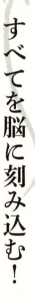

インタビューや打ち合わせがあるときは、指定された場所にきっちり5分前には必ず到着するように心がけているんだ。

5分前にこだわるのは、昔、海軍にいた時代の名残だな。海軍では何事においても「5分前にはすべての準備を済ませておけ」と厳しく躾《しつ》けられた。7時集合だとしたら6時55分に点呼が始まる。そこに誰か１人でも遅れたら全員が連帯責任で懲罰を食らうハメになるから、怖くて遅刻なんてできなかったわけさ。

戦争が終わって70年以上経つけど、今でもその当時の習慣が体から抜けていない。いまだに目覚まし時計なんか使わなくたって、毎朝、起きたい時間の5分前、10分前には勝手に目が覚めちまう。

まあでもこれはいい習慣と言えるよな。遅刻して人から嫌われることはあっても、時間を守って人から嫌われることはないわけだからさ。

アラームのない生活を今の若い人が即座にまねするのは無理なことかもしれないが、仕事に対する責任感を持ち、深酒をせず、規則正しい毎日を送ってりゃ、きっと起きたい時間に起きられるようになるはずだよ。

そういや僕は、スケジュール管理をするためのメモ帳も持っていない。取材や講演の約束だって、頭の中のカレンダーに書き込んでおくだけさ。さすがに

1年先、2年先の予定までは記憶できないけど、数ヶ月以内の予定なら、一切メモらなくても記憶できる。というより、記憶するよう努めているよ。これも戦時の習慣の名残だろうな。

戦争中の飛行機にはチェックリストを積んでいなかった。敵に情報が渡っちまったらまずいから、一切書類を積んでいなかったというわけだ。だから自分の頭の中で物を覚える癖が身についた。

目覚まし時計やメモに頼らず、そうやっていつも自分の体内時計と頭をフルに働かせていれば、人間はなかなか老化しないんじゃないかな。

実際、この年齢になっても僕は記憶力が抜群だよ。人の名前もそう簡単には忘れない。例えば去年知り合った人と1年ぶりに会ったとしても、「やぁ、○○さん」と呼びかけることができる。そうすると相手は喜んでくれて、会話も弾む。記憶力がいいと、人間関係も良好になるというわけだ。

でもね、そんな僕にも弱点がある。夜中に目覚めてトイレに行ったときに、「あ、次の講演ではこういうことを話そう」などと、ふと名案がひらめくことがあるんだが、それだけはちゃんとその場でメモっておかないと、翌朝目覚めたときには完全に忘れちまうんだ（笑）。だから枕元にだけは、メモ帳を置いているよ。

パソコンを使うと五感が鈍る

飛行機という精密機器を仕事で扱っている僕だけど、プライベートではあまり機械には触らない。家族や仕事仲間と連絡を取るために携帯電話ぐらいは持っているが、パソコンはいまだに使わない。操作方法を覚えるのが面倒なわけじゃなく、あえて使わないでいるんだ。

というのも、パソコンは便利すぎるだろ。目覚まし時計を使わない習慣とも通じるけど、パソコンみたいな便利なもんに頼りきっちまったら、人間の五感が鈍るような気がしてね。だからあえて距離を置いている。

原稿の執筆を頼まれることもあるけど、いまだに原稿用紙に手書きだよ。パソコンの文字変換機能に頼ることなく、自分の記憶から文字を引っ張り出すことによって、脳が活性化される気がする。それに、ペンをしっかり握って書くことによって、指先の感覚が衰えることも防げるんじゃないかと思っている。

車に乗るときだって、同じ理由でカーナビは使わない。自分の記憶と感覚を頼りに運転するようにしているよ。

ちなみに僕は、オートマ車に関しては「**アクセルは右足、ブレーキは左足**」で運転している。日本の自動車教習所では「アクセルもブレーキも右足」と教わるけども、そのやり方だと踏み間違いが起きる危険性があるし、ブレーキングもワンテンポ遅れちまうんだ。

でも右と左の役割分担をきっちりしておけば踏み間違いなんて起きやしない。いつも左足をブレーキの上に添えてりゃ、とっさのブレーキングも可能ってわけさ。

というわけで我が家では、子供も孫も「アクセルは右足、ブレーキは左足」で運転している。アメリカのある州では僕と同じスタイルを推奨しているらしいが、まあ、長年慣れ親しんだ運転法から突然切り替えると逆に危ないから、ベテランのドライバーには僕のやり方はオススメしないがね。

話が逸れたので元に戻すが、パソコンみたいな便利な機器に頼りすぎると、五感が鈍るほかにも弊害があると思う。僕が懸念しているのは、若者の夢がなくなっちまうってことだ。

今はたいていのことはインターネットで調べられるから、やる前に物事をわかった気になっちまって、実体験をしない子が増えているように感じる。

いい部分を見るならまだしも、悪い部分を先に知ってしまい、行動をセーブする子も多い。「あの店は星一つか。じゃあ行く必要ないな」「あの映画はあまり評判が良くないな。じゃあ見なくていいか」「やっぱあの会社はブラックなのか。じゃあ受けるのをやめよう」といった具合にね。

それと、今の若い子が恵まれているようで不幸だと思うのは、娯楽があまりにも増えすぎたこと。

選択肢が多いと一つのことを突き詰めづらいし、しかもすべての遊びに関するマニュアルも出回っているから、個々が創意工夫をしなくなっていくよね。

昔は男の子の多くが「パイロットになりたい」と夢見たもんだが、今はどうだろう？「パソコンゲームのフライトシミュレーターで操縦したがことあるからもう十分」と思っている子も多いんじゃないかな。

現役パイロットとして、それはちょっと寂しい話ではあるね。

酒席での会話が命を救うことも

若い人が夢を持ちづらい世の中だと述べたけど、そうは言っても優秀な若者が大勢いることも確かだ。

僕はパイロット仲間の中では最長老で、周りはみんな後輩にあたるわけだが、若い彼らとあれこれ話し合う中で、「へえ、そういう操縦の方法もあるのか」と、いまだに感心させられることもよくあるよ。

で、いいなと思ったら、そのやり方を自分でもさっそくまねしたくなっちまう。人の技を盗んで、アレンジを加えつつ、自分のものにしちまうんだ。生まれ持ったセンスだけに頼っていたり、「俺のやり方が一番だ」なんて踏ん反り返っていたりしたら、技術の向上は望めないからね。

たとえ相手が孫ぐらいの年齢だろうが、その人の言っていることに一理あれば、どんどん吸収する。僕は何事においてもそういう姿勢だね。


逆に熱心な後輩は、僕から何かを学びたいと思っている。だから僕は、聞かれたことは出し惜しみせずになんでも教えてやる。そうやって情報交換しつつ切磋琢磨《せっさたくま》していくのは楽しいよ。この年になってもまだ伸びしろがあるってことがうれしい。

ちなみに僕が海軍にいた頃は、まともな教官なんかいやしなかったから、夜の酒席の会話の中で、先輩のパイロットたちからいろんなことを学んだよ。

「横滑り」という高度な裏技もその一つさ。

第1章でも触れたけど、一式陸上攻撃機という、翼が25メートル、胴体が20メートル近くもあるデカい飛行機に乗って魚雷攻撃を仕掛けるのが僕の任務の一つだったんだが、こいつが非常に危険でね。一式陸攻は燃料タンクを大きくした分、防御に弱く、翼に敵の弾が当たると機体が簡単に炎上しちまって命を落とすハメになるんだ。

雷撃ってのは、海面ギリギリを這うように超低空で敵艦に近づいていき、1キロ手前あたりで魚雷を発射したら、すぐ逃げなくちゃならない。そのとき、機体を慌てて上昇させたら、敵から丸見えになり、あっという間に撃ち落とされちまう。だから僕は、先輩パイロットから教わったことを死守したよ。

「魚雷を落としても低く這って、安全なところに出るまで絶対に上がるな」

敵艦から十分に離れて上昇しても、弾は下からどんどん飛んでくる。そのとき普通に上昇旋回して避けようとすると、機体が斜めになって、敵に機体の大部分をさらすことになるから、これも1発で撃墜されちまう。

　そこで裏技の「横滑り」を使うんだ。機体を傾けずに横にスライドさせるのさ。車の速度を落とさずにコーナリングしたときみたいに、ものすごい横Gがかかるから、とても危険なんだが、生きて帰るためにはその技を使うしかない。


　そういう裏技はマニュアルなんかには載っちゃいないよ。夜、酒の席で先輩たちが教えてくれたんだ。とっておきの話ってのは往々にして、酒を飲みながら聞いたりするものだよね。それは現代においても変わらないんじゃないかな。

　先輩との飲み会を嫌う若者が増えていると聞くし、実際酒飲みには厄介な奴が多いのも確かだが、酒席でしか得られない真理があるってのもまた事実だな。

女性と飛行機の扱い方は実は一緒？

僕は出しゃばることが嫌いだ。講演会のときや取材のときは、お相手のために自分のことを包み隠さず語るけども、普段は聞かれてもいないことを自分からペラペラしゃべったりはしないし、率先してリーダーシップをとりたがるタイプでもない。

たまたま最年長ってことで静岡県航空協会の社会人クラブのアドバイザーを長年務めさせてもらっていて、今でも毎週日曜日には富士川滑空場に顔を出すけども、そこでも決して出しゃばらないよ。後釜の教官が何人も育っているから、基本は彼らにお任せだ。

僕が先頭を切って教官をやっちまうと、他の教官がやりづらいだろ。だから、誰かが食事のときに代わりに飛ぶ程度にとどめている。

「淳さんは、飛ばなくてもいい。ただいてくれるだけでいいから、週に1日だけ来てほしい」

協会のみんなはそう言ってくれるよ。僕がいることで、組織が丸く収まるらしいんだ。

ゴルフの社会人サークルでもなんでも、人数が多くなると不満分子が出てきたりして、組織がうまくまとまらなくなることがあるだろ。でも僕みたいな長老がいると、くだらない争いがなくなって、組織の運営が円滑にいくみたいだ。

実際、僕らのクラブはまとまりがよく、みんな楽しそうにやっているよ。やっぱり人生一度きりだから、何事も楽しいのが一番だよね。

そんな性格の僕だから、とにかく厄介ごとが嫌いでね。仮に身近で揉めごとが起きたとしても、必要以上に首を突っ込んだりはしない。「自分の生活に差し支えがないことには割り込む必要がない」というポリシーなんだ。そう考えると、僕は決していい性格の人間なんかじゃねえな（笑）。

ただ、僕は人より年を食っているし、人当たりも柔らかいほうだから、いろんな人から相談をされることはある。そういうときは、相手の話をよく聞いてやるに限るね。特に相手が女性の場合はそう。

自分の意見をまくしたてるんじゃなく、相手の愚痴を相手が納得するまで聞いてやりゃいいのさ。

そうすりゃ向こうもストレス解消になるし、波風も立たない。奥さんや恋人との関係を丸く収めたかったら、下手な刺激はせず、とにかく聞き上手になることが大事だ。

考えてみりゃ、女性の扱い方ってのは、飛行機の操縦に通じるもんがあるな。天候はコロコロ変わるし、機種によって性格も異なる。

フランス語では、飛行機や車、船などの乗り物には女性冠詞の「la《ラ》」を使うんだが、まさに飛行機は女性だな。旅客機は田舎の力持ちなおばさんそのものだし、小型機の中には素直な娘もいりゃ、おてんば娘もいる。それぞれ扱い方を間違ったら痛い目に遭う。

すべての飛行機に共通して言えるのは、乱暴な操縦はご法度で、大切にいたわるように舵を切るのが大事ってことだ。それが安全なフライトにつながるんだが、女性の操縦も基本は同じさ。聞き上手に徹して、優しくエスコートしてあげるのが一番ってことよ。

愚痴とぼやきは孤立の元

人の愚痴やぼやきをよく聞いてあげる僕だけど、自分自身が不平不満を口にすることはまずない。だって、文句を言ったところで状況は何も変わらねえもん。

予科練時代の訓練でボカスカ殴られたときなんかは「畜生！」と思ったもんだけど、それを口に出すことはなかった。文句を言うよりも、黙って弱点を克服して見返してやろうという思いのほうが強かったね。

女性はおしなべておしゃべりだし、しゃべることでストレスを発散する傾向にあるから、何を言っていてもさして気になりはしないけど、男性がいつまでもぐちぐち言っているのは格好いいもんじゃねえな。

大人の愚痴の大半は、仕事か人間関係のことだ。

僕は聞いていて思うのさ。「そんなにその仕事が嫌なら、その仕事は向いていないんだから、他の仕事を探せばいいじゃねえか」と。

まあそこまでストレートに言っちまったら角が立つから言わないけども、実際そうじゃないか？　向いていない仕事を何十年も続けるのは、しんどいよ。その人のためにも転職を考えたほうがいい。

いろいろな事情があって転職できないっていうんであれば、つべこべ文句を言わずに我慢して働くしかないだろ。上司に直談判するならまだしも、無関係な人に愚痴ったところで、何も変わりやしないんだから。

第一、その仕事を始めようと決めたのは自分だろ？　仕事に対して文句を言うってことは、自分自身の見る目のなさに文句を言っているも同然だから、傍《はた》から見ていて滑稽だよ。「**愚痴るならやめろ。やめないなら愚痴るな**」僕はそういう考え方さ。

職場などで人間関係の悩みが尽きないってのは、わからないでもない。僕にだって、ソリの合わない人間はいくらでもいるからさ。でも、合わない人間とは深い付き合いをする必要はないし、喧嘩をする必要もないじゃないか。

相手がこっちを不愉快だと思っていても、別に殴りかかってくるわけじゃないだろ?

だったら放っておけばいいだけのこと。仮に喧嘩を売られたとしても、買うことはないよ。つまらないイチャモンをつけてくる奴は、きっと別の場所で誰かに文句を言われている気の毒な奴なんだろう。そう思って知らん顔しときゃいいんだよ。

まあ、生きてりゃいろんなことがある。いいことも、悪いこともね。でも悪いことに関しては、1日も早く忘れちまうに限るよ。

人間、文句ばっかり言っていると、どんどんネガティブな思考になっちまって、周りに人が寄ってこなくなる。

「あの人と一緒にいると、愚痴ばっかりでつまんない」

「あの人と一緒にいると、こっちまで気が滅入ってくる」

そう思われて孤立しちまうような人生は寂しいよ。嫌なことがあっても口に出すのはグッと堪えて、いいことだけを思い出して笑って生きていこうじゃないか。

人間やっぱり第一印象が大事

僕は争いごとが嫌いだから、できることならどんな人とも仲良くしたいと思っている。でも、第一印象で「うん？　この人はちょっとどうなんだろう」と思ってしまうことがあるのも事実だ。

海軍で厳格な礼儀作法を躾けられたせいか、ちゃんとした挨拶をできない人に出会ったりすると、そういう第一印象を抱いてしまうね。

帽子やサングラスを着けたまま挨拶する人とか、軽く頭を下げるだけで何も言わない人とか。あるいは、こちらは立っているのに座ったまま挨拶する人や、もっとひどいのになると、目が合ったにもかかわらずこちらから声をかけられるまで知らんぷりする人とかも中にはいるだろ。そういうのはやっぱり、印象が悪いな。いちいち注意はしないがね。

もちろん人間は第一印象がすべてじゃないし、中には性格的に引っ込み思案で声を出して挨拶をするのは苦手だって人がいることも理解しているつもりさ。でも、その人がどういう性格なのかなんて、長く付き合わないとわからないだろ。だからこそやっぱり挨拶はテキパキとしたほうがいいよね。初対面ならなおさらだ。

しょっぱなの印象がマイナスだと、そこから挽回《ばんかい》するのに時間がかかる。大人になってからの人付き合いは、学生時代と違って毎日のように顔を突き合わすとは限らないから、もしかしたら挽回する機会はないかもしれない。となると最初が肝心だ。

だからこそ僕は、人と会う場合は、相手の立場や年齢など関係なしに、なるべくこちらから先に頭を下げて挨拶するように心がけているよ。それは自分のためでもあるし、相手に不快な思いをさせないための気遣いでもある。これって本来は、小学生でも知っているはずの礼儀作法だよな。

ところが最近は、そういう礼儀作法を軽視する若い人が増えているから悲しいね。挨拶以外で気になるのは、公共の場における携帯電話に関するマナー違反だ。

仕事で調べ物をする必要があるときや、喫茶店とかに1人でいるときに携帯をいじる分には一向に構わない。でも、家族でのだんらん中や、友人らと食事をしている最中なのに、テーブルの上に置いた携帯をひっきりなしに触っている人が最近増えているだろ。

若い子だけじゃなく、大人も結構やっているよな。

あれはなんなのかな？　忙しいというアピールなのか、それとも退屈しているのか、あるいはただの手癖なのか。いずれにせよ、同席者に対して失礼だし、自分の価値を著しく下げる行為だと思うよ。人前で耳掃除をしているのと何も変わらない。

うちの家族がそんな無作法をしていたら、温厚な僕でもさすがに注意するね。でも、たいして親しくない人に対しては、余計な摩擦を起こしたくないから注意はせず、心の中でこうつぶやくだけさ。「こいつは座持ちが悪くて気遣いもできない、つまらない人間だな」と。そして、その人とは深い付き合いをすることを避けるかもしれない。

出会いの「こんにちは」は声に出しても、距離を置く「さよなら」は声に出さない。そういう僕みたいな人間もいるってことを若い人たちには知っておいてほしい。そして、礼儀やマナーをしっかり身につけて、人間関係を大事に構築していってほしいな。

ケチるな。しかし、見栄も張るな

ここらで、お金の話を少しだけしておこうか。生きていくために必要なお金。だが、大金をつかんだからといって幸せになれるとは限らず、使い方を間違って、不幸になっちまうケースもこれまで多く見てきた。

いわゆる成金と呼ばれる人や、まともじゃない方法で大金を稼いだ人ってのは、たいていまずは女を囲う。そしてボートを買って、飛行機を買って、銀座や六本木で派手に飲み歩いているうちに、2、3年でパンクしちまうケースが多い。人間、必要以上のお金を持ったらロクなことがないとつくづく思うよ。

価値観は人それぞれだから、僕がとやかく言う問題じゃないのかもしれないが、そういうお金の使い方は個人的にはどうかと思うな。見栄を張ることに執着しちまっているようで、浅ましく思えるからだ。

僕自身は、小遣い程度を手元に置いて、あとはお金の管理は女房に全面的に任せているよ。ギャンブルも小遣いの範疇《はんちゅう》でやることはあるが、あくまでも遊び。それで儲けようとは思っていない。汗をかいて、人の役に立って、報酬をいただく。それで家族がご飯を食べられたら十分に幸せだ。

人にお金を貸すことはあっても、せいぜい数万円程度だな。踏み倒されてもダメージのない金額を、あげるつもりで貸す。お金のことで人と揉めるのは嫌いだから、仮に返ってこなくても催促《さいそく》はしないかな。

見栄を張るのは嫌いだが、ケチケチするのも好きじゃない。会食するときなんかは、同席者は年下ばかりだから、僕がみんなの分を支払うことが多いね。亡き母は、人をもてなすことが大好きでね。家でよくパーティーを開いては、うれしそうに食事をふるまっていた。そういうのを幼少期から見て育ってきたせいか、僕も若い人たちに食事をご馳走することが好きなんだ。

でも「おごってやるぞ」なんてことはわざわざ言わないし、人前で財布を開いてこれ見よがしに支払うような下品なまねもしない。

助手にこっそり財布を渡しておいて、宴の途中でさりげなく会計を済ましちまう。そのほうがスマートだし、恩着せがましくなくていいだろ。

まあ金銭感覚ってのは人によってさまざまだ。僕みたいに比較的裕福な家庭に育った者もいれば、貧しかったコンプレックスをバネに大金持ちになった人もいるし、貧しくて苦労している人や、貧しくても幸せそうな人もいる。
そういういろんな人が集まっているのが社会だから、生臭いお金の話は人前ではしないに限るね。せっかくの楽しい場が、興ざめになっちまうこともあるから。

そして、裕福だろうが貧しかろうが、**見栄を張らないのが一番だ。**人前でいい格好をしたがる奴は、長持ちしない。95年生きてきた僕が言うんだから間違いないよ。

家庭に仕事を持ち込まない

我が家は4世代同居の大所帯だ。まあ騒がしいことこの上ないけど、家族仲は良好だし、家は僕にとって一番安らげる場所になっている。こうして家庭が円満でいられる理由は、女房が明るいしっかり者だからってのがまず大きいかな。次に、家族のみんなが公私の切り替えをできているってことも理由の一つとして挙げられそうだ。

飛行機が好きでたまらない僕だけど、家では飛行機の話をほとんどしたことがない。終戦記念日にも、戦時の話は一切しない。自慢できるような話でもないしね。

だからうちの息子も、僕が飛行機に乗って戦争をしていたなんてことは、中学や高校に入る頃まで全然知らなかったんじゃないかな。

家には、現役最年長パイロットであるというギネスの認定証のほか、厚生労働大臣と国際航空連盟からもらった赤十字飛行隊のボランティア活動に対する表彰状もあるけど、そういったものは部屋には飾らない。すべて押し入れの中にしまってあるよ。

つまり僕は、仕事と家庭はまったくの別物と考えているんだ。飛行機に乗っている間は緊張しているから、家にいるときぐらいはリラックスしたいという思いがある。

だから、インタビューや取材も家では受けない。女房に仕事の話をしたこともほとんどないな。言ったところでわからないだろうし、向こうも興味はないだろう。

息子に対しても、同様だったね。自分の特技や趣味を子供に継承させたがる父親も多いけど、僕は違った。子供には子供の人生を歩んでほしいという考えだったから、飛行機の話はほとんどしなかったし、教育や進路にも一切口出しはしなかったな。

お袋から言われ続けた「すべて中庸でいろ」という言葉が僕の信条だから、子供に対して「勉強しろ」なんてことは一度も言った記憶がないよ。

要するに子育てに関してはほぼすべて、女房に任せっきりだったのさ。息子が2歳か3歳になるまで抱っこすらしたことはなかったし、赤ん坊をどう遊ばせたらいいのかもよくわからなかった。

ただ、息子が物心ついて以降、何度か富士川に連れていって、飛行機に乗せてやったことはあった。それで飛行機を好きになったのかな。息子は結局、航空測量のパイロットになった。ちなみにその嫁さんはキャビンアテンダントだ。

孫も間もなく大学を卒業するんだが、航空会社への就職が決まっていて、パイロットの養成所に入るそうだ。孫がそっちの道を目指すと聞いたときには多少の助言はしたけれども、いわゆる口利きみたいなことは一切しなかった。

僕のコネで入ったみたいに思われたら、孫だってイヤでしょ。ちゃんと実力で入って、入ったあとにおじいちゃんが僕だとわかって会社の人には驚かれたそうだ。

結果的に飛行機一家みたいになっちまったが、これは僕の意志なんかじゃない。子供と孫がそれぞれ自分の意志で選んだ道を歩んだまでさ。飛行機の関係者が4人もいるのに、家の中では飛行機の話題は不思議と出ないな。

だから、難しい議論なんかはまず起きない。それよりもみんな、かわいいひ孫に夢中だよ（笑）。

そう示し合わせたわけじゃないんだけど、「仕事を家庭に持ち込まない」という暗黙のルールみたいなもんがあるから、幸いなことにうちは家庭円満なのかもしれないね。

「絶対」という言葉は使わない

僕は、無神論者で無宗教者さ。

だって、会ったこともない神様のことを、信じるなんてできっこないだろ。飛行機を操縦している間は、すべてのことを自分でやらなきゃいけない。つまり、神様じゃなく、自分自身を信じるしかないんだ。

困ったときの神頼み？

何かにすがらないといけないような、そんな危うい操縦はしたことがないよ。戦争中の操縦は敵からの攻撃があるから命がけだったけど、出撃前の験担《げんかつ》ぎや、ピンチのときの神頼みは一切しなかった。「同乗者を生かして帰る」という責任感で、技術と集中力を研ぎ澄ましていただけさ。

占いもまったく信じていない。ああいうものを信じる人は、自分の意志がない人、言い換えるなら、精神力が弱い人だと思うよ。僕は予科練時代に散々叩かれて育ったおかげで、精神力だけは強い。今でも現役の自衛官より強いと思っているよ。

幽霊も信じない。こいつも理由はシンプルだ。見たことがない。だから信じない。それだけのことさ。

ただし、この世の中には、目に見えない「運・不運」みたいなもんは存在すると思っているよ。思いがけないことはどんな仕事でも当たり前に起きる。運が悪けりゃ早めに起きるし、運が良ければ一生起きないかもしれない。

これは戦争中の話だけど、自分の能力以上のことは、「**頭の後ろにいるもう1人の僕**」が、何かを指図してくれているような感覚を何度か感じたことがある。もしかしたらそいつが僕にとっての「運」なのかもしれないな。飛行機に乗って攻撃に行って、敵艦から飛んでくる弾を避けながら帰ってくる。そういう切羽詰まった状態になると、もう1人の僕が、「あっちから弾が飛んできたら、こっちへ避けろ」と、後ろから指図をしてくれていたような気がするんだ。

もちろん、自分の判断でも動いていたけど、パニックにならず、確かな方向に行けたのは、この「頭の後ろにいるもう1人の僕」のおかげなのかもしれないな、とたまに思うことがあるよ。

運があった。ツイていた。あるいは、火事場の馬鹿力を発揮した。そういうことなのかもしれないね。

しかし、そんなものも毎度毎度はアテにならない。

僕は戦争で飛行機に乗って出撃する前、クルーを安心させるために「おまえらを無事に帰す」と言ったことはあっても、「絶対無事に帰ってくる」とは言えなかった。だって、何があるかわからないんだから。

「絶対」なんて言葉は、そうやすやすと口にはできない。その言葉を口にした瞬間に油断が生まれるし、「絶対そうだよ」と言ってもそうじゃないことなんて、この世にいくらでもあるんだから。

人間いつか絶対に死ぬ。それ以外に絶対はないよ。僕に言わせりゃね。

第4章

空から学んだ生きるヒント

判断力と決断力は場数で磨かれる

「ＪＵＤＧＥＭＥＮＴ」

色紙にサインをするとき、名前の横に、必ずこの言葉を書き添えていた時期がある。パイロットにとって最も重要なこと、それは「判断力」だからさ。

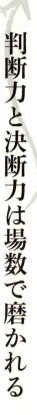

何か問題が発生した場合、地上だったらゆっくり考える時間があるけど、空を飛んでいる間は、スピーディーに判断しないとならない。そして、その判断をすぐさま行動に移す「決断力」も重要だ。

例えば飛行中、遠くに雲が見えたとする。雲の中に突っ込むか、上を行くか、下を行くか。一番安全なのは来た道を引き返すことだが、それができない場合は、機体が揺れやすい雲なのか否かを見定めつつ、コース取りを素早く判断しないといけない。

雲の上は気流が安定しているので安全だ。だが、それにしたっていずれは下降しなけりゃならない。その際、雲の中に突っ込んだら機体が激しく揺れるし、山にぶつかる危険性もある。

だから、雲の穴を見つけてそこへ飛び込むんだが、穴の向こうに山がないとも言い切れないから、無線方向指示器やＧＰＳを使って自分の位置を確かめる必要もある。

天気だけじゃなく計器類も常時チェックし、エンジンの温度が高すぎるときはすぐにエンジンを絞り、早めにどこかの飛行場に降りるなどの判断を下す場面もある。

一か八かの決断なんかしない。常に冷静沈着に正解を探し求めるのさ。

そうした数々の判断と決断が正しかったからこそ、僕はこうして今も生きていると言えるんじゃないかな。

空で磨かれた感覚は、日常でも生きているよ。例えば高速道路を運転している最中は、初心者の車には近づかない。また、バックミラーも常に注視し、覆面パトカーや煽《あお》ってきそうな車が近づいてきたらさっさと道を譲っちまう。車種やライトの接近速度である程度のことは予測可能だから、事前にリスクを回避できるというわけさ。

買い物に行っても、決断は早いよ。パッパと買って、すぐに帰る。ただしこれに関しちゃ、たまに失敗もするけどな（笑）。買ったまんま着ない服もあるっちゃある。まあ買い物なんてもんは、飛行機と違って生死にかかわることじゃないから、この手の失敗はご愛嬌《あいきょう》さ。

判断力や決断力ってのは、さまざまな情報を元に先を読み、より正しい選択をする能力のこと。

これはもっぱら経験によって培われるものだと思うよ。いつも誰かに頼っていたり、機械に任せっきりだったり、占いに頼ったりするような生活を送っていると、なかなかその能力は磨かれず、いざ１人で何かを決めなきゃならない場面になったらオタオタしちまう。

優柔不断な性格を克服したかったら、他の何かに頼ることなく、自分１人の責任で物事を決める機会を日常で少しずつ増やしていくのが一番だろう。経験を積めば知識も増え、より正しい選択をできる確率も上がる。

機上だとそうはいかないが、地上では時間があるんだから、ゆっくり落ち着いて判断を下すといいんじゃないかな。

機上でも日常でも視野を広く持とう！

パイロットは一点集中型の人間には向かない。機体、計器、天気、コース、風などなど、あらゆることに細心の注意を配る必要がある職業だからね。

もちろん同乗者にも気を配らないとならない。急旋回して怖がらせたり、急降下して驚かせちまったら、プロとして失格だ。中には飛行機に不慣れな同乗者もいるから、そういう人にはこまめに声をかけてリラックスさせてあげる必要もある。

それらすべてに気を配りつつ、安全かつ優雅に操縦を行い、スマートに機体を着陸させたところでようやく任務は終わる。

つまり、求められるのは「**視野の広さ**」なんだ。

プライベートのときは僕もそこまで神経を張り巡らせているわけではないが、それでもやっぱり普通の人に比べて視野が広いのか、いろんなあらに真っ先に気づいちまうようなところがある。

「会は盛り上がっているけど、1人だけつまらなそうにしている奴がいるな」

「シルバーシートに座っているあの若造は、今、目の前に老人が来た瞬間に寝たフリを始めやがった」

とかね（笑）。

そんな自分に疲れちまうこともたまにはあるが、視覚的にも思考的にも視野が広いと、生きていく上でさまざまなメリットがあるのも事実だ。

まず、あらゆることに偏見を持たなくなった。いつ急変するかわからない天候や、いつトラブルが起こるかわからない機体を相手に働いているから、普段から思い込みで物事を判断することがなくなったんだ。

思い込みや好き嫌いを排除し、いろんな角度から物事を見て、総合的に判断する。

公私にわたって、そういう癖が身についたね。

だから、この年齢になっても頑固にならず、若い人の意見も平気で取り入れることができるのかもしれない。

「あ、そうか。そういう考え方もあったか。いいね。明日から僕も取り入れてみよう」

といった具合にね。たとえ受け入れがたい意見だとしても、激しく反論したりはしないさ。今の意見をここで否定しちまうと、彼はこの輪の中で浮いてしまうかもしれない。今日は楽しい場だから、そういうことは避けておこう……

なんて思って、笑って聞き流す程度にとどめておくよ。

何度も言うが僕はトラブルが嫌いだから、何事も波風を立てない着地点を探る。飛行機を軟着陸させるようにね。

そうやって広い視野で物事を俯瞰《ふかん》的にとらえられるようになると、余裕を持って相手と接することができるから、女性からはモテるんじゃないかな（笑）。

そして、俯瞰力があれば、自分のことも冷静に見られるようになる。何かを過信していないか。知らず知らず慢心していないか。そういったことをいつでも冷静にチェックできるわけさ。それが僕にとっては一番のメリットと言えるかな。過信や慢心はパイロットの大敵だからね。

リーダーは全責任を負え！

続いては、リーダーシップとコミュニケーションの大切さについて話そうか。

戦時、一式陸上攻撃機を操縦していた頃は、5人で出撃することが多く、パイロットの僕はその中でキャプテンを務めていた。

「おまえたちを殺しやしない。生きたまま帰すよ」

僕はいつも出撃前に、同乗する仲間たちにそう告げていた。自分を鼓舞するためでもあったし、部隊を一致団結させるためでもあったね。乗組員はたいていいつも同じ顔ぶれだった。同年代もいれば、年上もいたけど、誰もが僕の指示通りに動いてくれたよ。みんなが僕を信頼し、自分の命を僕に預けてくれていたんだろうな。

「生きたまま帰す」ってのは言い換えるなら、「俺が全責任を持つ」ってことだ。一般社会でもそう言えるリーダーは、部下の心をつかめるんじゃないかな。出撃時の話に戻すが、メンバーがいつも同じだと、回を重ねるごとに連携も深まり、阿吽《あうん》の呼吸も生まれてくる。ところが、転勤などの都合でメンバーが1人でも入れ替わると、どうも調子が狂っちまって、慣れるまでが大変だったな。

例えば目的地に向かうとき、まっすぐ飛ぶことを今は「オンコース」と言うけど、海軍では「ヨーソロ」と言った。「よろしゅうそうろう」の略語で、そのまま舵をまっすぐにして直進しろって意味だ。前にいる新顔のナビゲーターが、「ヨーソロ、ヨーソロ」と言っているうちはいいんだが、まっすぐ飛んでいるつもりでも、風で機体が流されちまうことがある。

そんなときはナビゲーターが軌道修正の指示を出すわけだ。

「2度左、4度右」「3度右、1度左」

これはわかるんだが、そのうち、「ちょい右」「ちょい左」って指示が出てくる。しかし、この野郎の「ちょい」ってのがどの程度なのかは、年中一緒に乗っているわけじゃないから、わからない。そんなときは怒鳴りたくもなったよ。「数字で言え！」とね（笑）。

ところが、そいつと共に出撃を重ね、帰還後にも酒を酌み交わすなどして関係性が深まってくると、「ちょい右」「ちょい左」でもニュアンスが伝わるようになってくる。チームで任務に取り組むにあたっては、日頃のコミュニケーションってもんがやっぱり重要なんだなと思ったさ。

これは、一般の会社組織にも当てはまることじゃないかな。

上司は、部下の話をよく聞いてやることが大事だ。戦時はそんな時間的余裕がないが、平時なら時間はたっぷりある。

部下の言動に間違っていることがあったとしても、頭ごなしに叱るんじゃなく、「ここはこうじゃないかな」とじっくり時間をかけて説明し、相手に納得させてやることがベストなんじゃないかと思うよ。相談に乗ってくれたというだけでも、部下の不満や不安はだいぶ軽減されるだろうからさ。

でも、ただ優しいだけじゃなく、締めるときは締めないとダメだね。

僕は教官として指導にあたる際、アマに対しては優しいが、プロに対しては厳しいよ。同じミスを繰り返した場合は、頭をパシンと叩くぐらいのことはする。

人の命を預かる商売だから、それぐらいの厳しさはあってしかるべきだろ。まあ普通の会社で手を挙げたらクビになっちまうご時世だから、みなさんにオススメはしないがね。

迷ったら引き返せ！

人間、生きてりゃいろんなことで迷う。決断力があると自負している僕だって、そりゃ迷うことはあるさ。「魚定食と肉定食、どっちにしよう？」みたいな迷いなら、時間が許す限りゆっくり考えりゃいいさ。仮にハズレたところで、痛くもかゆくもないんだから。

でも、もうちょっと人生や生活を左右するような大きな迷い、例えば「この仕事、受けるか否か」みたいな問題にぶつかったときは、僕だったらこうするね。

迷ったらやめる。迷ったら断る。迷ったら行かない。

どんな事柄でも、飛行機の場合は特にそうだが、「どうしよう？」という心境になったときは、すでに負けていると思うんだ。だからお断りするか、別のことを考えたほうがいい。

なぜそういう考え方に至ったかというと、やっぱり戦時の経験が大きいのかもしれないな。

戦争中、出撃命令が下る。そのときに「今日の攻撃はだいぶ危ねえな」とか「今日はやばそうだな」なんて言っているパイロットは、たいてい敵にやられちまって帰ってこなかったんだ。悲しいことに。

だからそれと同じで、今でもレジャー目的の自家用飛行機で飛ばれる方が、「今日は天気が悪いけど、どうしよう？」と迷っているときは、僕は必ずこう助言している。

「どうしよう？　と思ったらおやめなさい」と。

戦時と違って敵はいない？　いやいや、今の敵はお天気なんだ。人間、天気には勝てないんだから。

腕のあるプロのパイロットなら少々の悪天候でもたじろぎはしない。だが、レジャー目的の人が無理して飛んで、事故や遭難に至ったら、本人も後悔するだろうし、周囲にも大きな迷惑がかかるだろ。だから僕は止めるのさ。


飛行機のような生死を分ける事柄じゃなくとも、僕の場合、「迷ったらやめる」「迷ったら引き返す」ことが多い。

人間、いい予感がすることだったら、「やります！」「行きます！」「こっちにします！」と即答できるもんだろ。でも逆に、話を聞いた瞬間、あるいは事態に直面した瞬間に、イヤな予感がするからこそ迷うわけで、そういうインスピレーションは、案外馬鹿にならないと思うからだ。

戦時はもちろん僕だって、不安を感じることはあった。でもだからこそあえて弱音を吐くことなく、「みんなを生かして帰る」という言葉を発し、自分を奮い立たせて飛行機に乗り込んだんだ。当時は「断る」「逃げる」なんて選択肢はなかったからさ。

でも今はたいていのことは断れる時代だ。だから、くれぐれも無理は禁物だよ。

天気と運気には逆らうな！

僕は戦争で生き残った。その理由は何なのか、たまに考えることがあるよ。操縦がうまかった。運が良かった。そうとも言えるが、「精神力が強かった」というのも大きいかもしれない。その精神力は生まれつきの部分もあるだろうけど、予科練時代の訓練や、戦地の前線で培われた部分もあると思う。

戦地ってのはとにかく異常なところで、昨日まで一緒に話していた仲間が、今日にはいなくなってしまうなんてのは日常茶飯事だった。

最初は大きなショックを受けたもんだが、慣れってのは怖いもんで、そのうち感覚がまひしてくる。

〈あいつ、今日は帰ってきそうにないな〉

〈ああ、やっぱ帰ってこなかったか〉

〈そういやあいつ、なんかいいもの持ってなかったか?〉

死を悲しむより、死人の持ち物のことを考えるようになるんだ。

そんな環境下に長いこといると、中には精神が参っちまう奴もいた。出撃先でちょっとでも機体をやられると、「敵艦に突っ込んじまえ!」と捨て鉢になっちまった奴も多かったようだ。

でも僕は、そこまで神経が参っていなかった。「なんとしてでも生き残る」いつもそういう信念を持っていたよ。

生への執着が人より強かったのかもしれない。諦めが悪い性格とも言えるな。

むちゃくちゃ危ない任務も多々あったが、死んでたまるかという精神で乗り切ったよ。沖縄攻撃のときなんか、「今晩出撃する飛行機はおまえの1機だけだ」と告げられたことも度々あった。「他の部隊は出ないから、十分気をつけろ」なんて言われてね。

何を言っていやがるんだ、と思ったさ。敵艦が何百隻もいる中、僕が1機で行って、うまく魚雷が当たったって、たったの1隻が沈むだけ。連合軍からしたら痛くもかゆくもない話じゃないか。それを「気をつけろ」だって？

まあでもしかし、「行くだけ行ってやろう」「やるだけやってやるよ」と腹をくくって出撃したさ。そういうときの精神状態を言葉にするのは難しい。経験した者にしかわからない、なんとも言いようのないものなんだ。でもそういう経験をしたからこそ、僕は精神的に強いんだと思う。

戦後の敵は悪天候のみだ。しかし、こいつをナメてかかると痛い目に遭うから、戦時のように危険を承知で突っ込んでいくなんてまねは決してしない。天気が悪かったら大人しく引き返し、晴れるのを待つのみさ。

自分の力ではどうしようもない、自然の流れみたいなもんに抗《あらが》うとロクなことがない。天気もそうだが、運気もそうだ。

例えば僕は麻雀をやっているときだって、「今は運気が下がっているな」と感じたらムチャはしない。攻撃は控え、守備に徹し、余計な振り込みをしないように努める。そうするとやがて運気が上昇し、配牌が良くなってくるんだ。

だからツイていない日々が続いても、決して捨て鉢になっちゃいけないね。最後まで諦めないという信念があれば、いつかいい日が訪れるはずさ。

居丈高に振る舞って得することはない

その人が部屋に入ってきただけで、場にいる全員の間にピリッと緊張感が走る。そういう人って、どこの世界にもいるよな。会社のお偉いさんや格闘家だったら、それぐらいの風格や威圧感があったほうがいいのかもしれない。でも、僕の目指すキャラクターはそれとはまるっきり逆だ。周囲にいる人たちに緊張感なんか与えたくない。むしろ、リラックスしていてほしいと思っているよ。

もともと性格的に張り詰めた雰囲気が好きじゃないというのもあるけど、パイロットという職業上、周囲を緊張させせちゃいけないっていう習性が身についているのさ。

飛行機に同乗者がいる場合は、その人に安心感を与えることもパイロットの仕事の一つだ。高いところが苦手だったり、あるいは飛行機そのものに不慣れなお客さんを乗っける場合もあるから、そういうときは、その人をリラックスさせるために気を配らないといけない。

僕の場合、不安そうな顔をした同乗者を見つけた場合は、その人を後部席じゃなく、あえて操縦席の隣に座らせちゃうね。そして、離陸から着陸までの間、その人にずっと話しかけるようにするよ。

「これから離陸しますよ。ほら、機体が浮いたでしょ?」

雲の様子などを見れば、この先揺れるな、というのは経験でわかる。そういうときはあらかじめこう言って安心させてあげるのさ。

「これからちょっと機体が揺れますけど、心配しないでくださいね」

観光案内もしてあげる。

「ああ、今日はいい天気だから富士山がよく見えますね」

会話が途切れると不安になっちまうお客さんも多いから、時には優しく肩を叩きながら、時には冗談も織り交ぜながら、最初から最後までそうやって話しかけるんだ。

大型旅客機だとキャビンアテンダントの仕事だけど、僕が操縦するような小型機の場合はキャプテン自らがそれを行う。

操縦している張本人に声をかけられたら、お客さんもより一層安心できるだろ。

飛行機を離れたプライベートにおいても、周囲に緊張感を与えたくないと思っているよ。なぜなら僕は、いくつになってもいろんな人と分け隔てなく交流し、いつも何かを吸収しながら楽しい時間を過ごしたいと思っているからさ。

現役最年長パイロットだからといって、偉そうに踏ん反り返っていたら、若い人は誰も寄ってこなくなっちまう。そんな人生は寂しすぎるだろ。だから前にも言ったように、相手が年下だろうがなんだろうが、自分から率先して挨拶をするのさ。

「やあ、こんにちは」と笑顔でね。そうすりゃ自然と会話も弾んでいくもんだ。

居丈高に振る舞って得することなんて何もありゃしない。第一、僕は自分のことを偉い人間だなんて思っちゃいないんだ。

空から地球を眺めていると、自分がいかにちっぽけな人間かってことがよくわかる。偉そうになんてできっこないのさ。

60代はまだまだ子供だ

飛行機一筋と思われがちな僕だけど、短い期間ながら、パイロット以外の仕事も経験したことがある。戦後しばらく、連合軍の飛行禁止令により空を飛べなくなった時期があったから、その間にまずは自動車工場で働いてみた。でもこれはピンとこなくて、すぐにやめちまったな。

そのあと、銀座のデパートで配送の仕事もやった。デパートだから店員は女の子だらけで、そりゃもう楽しかったね。休日は後楽園のスケート場を借り切ってみんなで遊んだり、ダンスパーティーを開いたり。海の近くに空き家を見つけて、そこをデパート専用の海の家にして、女の子を呼んだりもした。

戦時に比べりゃ天国みたいな毎日だったが、その仕事もピンとこなかったな。

僕には普通のサラリーマンは向いていないと感じたし、やっぱり飛行機への憧れを捨て切れなかった。結局、そこも5、6年働いてやめたよ。ちょうどその頃、飛行禁止令が解除された。そこからはパイロットの仕事だけに携わるようになり、今に至るってわけさ。

飛行機が何より好きだった僕だが、当然、「好き」だけじゃ務まらないのが仕事ってもんだ。これは他の仕事でも一緒だろうが、適性ってものも重要になってくる。

僕にはパイロットの適性が多少はあったんだと思う。人に言わせりゃ大いにあったようだ。他のことはダメだけど、飛ぶことに関してだけは得意だった。パイロットの適性ってのは、「気が利くかどうか」「答えが早いかどうか」を見ればある程度判断できる。よく僕のもとに、若い人が相談に来るよ。「パイロットになりたい」と。そこで何分か話しているだけで、適性の有無はだいたいいわかっちまう。

例えば僕がタバコをポケットから出したとする。そのとき、テーブルの上にある灰皿をこちらにスッと差し出せるかどうか。まずこういうところで反応できないような人は、いいパイロットにはなれない。

あと、何かを聞かれる度に、熟考して黙り込んじまうような人もダメだな。パイロットには素早い判断と決断が求められるからだ。答えが仮に間違っていても、即答できる人のほうが適性はある。誤りはあとから訂正してやりゃいいだけのことだから。

人にとやかく言うのはあまり好きじゃない僕だが、ことプロ・パイロット志望者に対してだけは、はっきりとものを言うようにしているよ。その人のためにもね。

「向いていないから、他に好きなことがあったらそちらをおやりなさい」と心を鬼にして言うこともある。夢を持つのはいいことだが、自分に合った夢を持つべきだとね。

脱サラしてラーメン屋を始めたい。そういう夢を持つのも大いに結構なことだ。でも、本当に自分に向いていることなのか、そして心の底から好きなことなのかどうかをじっくりと考えてみてほしい。独身だったらいいが、家族を抱えている場合は特に慎重にジャッジをしたほうがいい。

僕は49歳で独立してフリー・パイロットになったんだが、不安はなかった。一匹狼でも食べていける手応えがあったから、独立したんだ。そういう自信を持てない人は、サラリーマンを続けたほうがいい。そして定年してから、自分の好きなことを趣味として存分にやりゃいいのさ。

60歳、65歳なんてのは、僕から言わせりゃまだ子供。それからでも人生は十分に楽しめるんだから。

世のため人のために生きる

好きなことを仕事にできるに越したことはない。でも、仮にそうじゃなくても、自分のやっていることが「世の中の役に立っている」「人から感謝されている」と実感できたら、きっとその人は幸せな人生を送れるんじゃないかな。

僕は95年生きてきて、パイロットとして実にいろんなことに携わってきたけど、結局一番うれしい瞬間ってのは、いい飛び方をできた瞬間でも、お金をもらった瞬間でもなく、人から喜ばれた瞬間なんだ。

長年、赤十字飛行隊でボランティア活動をしている。

隊が結成された翌年の昭和39年（１９６４年）に、新潟で大地震が起きたんだ。

そのとき僕らは衣料品やら食料やらを飛行機に積んで、毎日往復して運び続けたんだが、被災地のみなさんから「ありがとう」と言われたときは、こちらも人のお役に立てたことをとてもうれしく思えたし、パイロットをやってきて良かったと心の底から思えたね。

平成14年（2002年）以降は、その隊長を任されるようになった。

東日本大震災のときも当然、救援活動を行ったよ。隊は150人規模の全国組織になっていたから、僕は隊長としてその陣頭指揮を執って、パイロットに派遣を命じた。

これらの活動はすべて無償だが、僕にとっちゃ生きがいとも言える活動なのさ。飛行機に乗ることとしか取り柄がないこの僕が、世のため人のために尽くせる場面だし、自分の仕事や自分の存在に誇りを持てる瞬間でもあるからだ。

自衛隊に講演に行く機会もたまにあるが、そのときは隊員の人たちに対して必ずこう言っているよ。

「みなさんは多くの国民から感謝される素晴らしい仕事をなさっているんだから、どうか誇りを持ってください」と。

古臭い考え方かもしれないが、人間はやっぱり、「**世のため人のため**」という精神を忘れちゃダメだな。昔の日本人は今より豊かじゃなかったが、そういう感覚を持っている人が多かったように思える。

ところが、最近の日本はどうだろう。みんながみんなとは言わないが、多くの人の頭の中は私利私欲にまみれているように思えるよ。

国会議員は国民を失望させてばかりいるし、そんな政治家を監視するはずのマスコミも芸能人のスキャンダルばかりを夢中で追いかけて人様の家庭を壊してばかりいる。また、それを見て喜んでいる視聴者や読者も大勢いる始末だ。

自分の行いが、人を悲しませたり、人の足を引っ張ったりしているようじゃ、ロクな人生とは言えないな。最悪の事例を挙げると、オレオレ詐欺みたいなもんに手を染めるようになったら、人間はオシマイなんだ。

人のためになるかどうか。喜ぶ人がいるかどうか。そこを行動の指針にして僕は今日まで生きてきたつもりさ。そして、そんな自分に少しは誇りを持っているよ。

第5章　これから先の人生について

日本人だから畳の上で死にたい

　このまま体と心が健康だったら、１００歳までパイロットを続ける。それが当面の目標だな。もちろん１００歳になる前に、自分で「ああ、もう限界だな」と感じるときがきたら、潔く引退するさ。そこから先の展望は何も考えちゃいないね。

　世界旅行？　海外移住？　まったく興味ないな。戦争や仕事で世界のいろんなところを飛んだから、海外はもう十分かなって思いがあるんだよ。

　戦争中、南方戦線で行ったマレー半島とかパラオとか、ああいうところの空は３６０度全部が海で、水平線がどこまでも見えて、そりゃまあきれいだったさ。「ああ、地球は丸いんだな」と実感したね。

昼間の青い空もいいけど、夜もいい。戦地へは夜間飛行で移動することが多かったんだが、空からだと、水平線が眼下に見える。だからこっちは、そこらじゅうにある星を全部、一望できるというわけさ。「世の中にはこんなに星ってあるんだな」と感動しながら操縦したよ。戦中でも思わず心を奪われちまうほどの美しさだったんだ。

あとはテレビの仕事なんかでよく、海外のロケ撮りをさせてもらったよ。中でも思い出深いのは、アメリカを横断するクイズ番組のパイロットを担当したことかな。今から40年以上前の話だが、伊丹十三さんや若い女子アナなんかと一緒に、アメリカを1ヶ月程度かけて横断したんだ。僕は向こうの飛行機免許を持っていたから、お呼びがかかったというわけさ。

確かサンフランシスコからロサンゼルスまで車で移動して、そこからキャンピングカーで横断して、最後はフィラデルフィアで行われた建国200年祭に出て帰ってきた。

僕の出番は、数回。そのうちの1回は、ニューメキシコに有名な岩があるんだけど、そのてっぺんに他の連中がヘリコプターで先に行って待機しているわけ。そこへ僕が飛行機で飛んでいって、氷とお酒を投下して、下にいる連中がそれを飲む。「オン・ザ・ロック」をね。随分と大掛かりなダジャレだろ。そんな撮影が中心だったんだが、アメリカのあちこちを回れて面白かったな。

サンフランシスコでは、同行していた女子アナと女性スタッフが「せっかくアメリカに来たからポルノ映画を見たい」なんて言いだしやがって、僕が連れていってあげたこともあるよ（笑）。

アメリカは自由でいい国だと思ったが、住みたいとは思わねえな。定年後にハワイとかに移住する日本人も増えているけど、なんで海外なんだ？　と僕は思っちまう。だって日本人でしょ？　日本を愛していないのかな？　って。日本にも北海道や沖縄など、自然豊かで素晴らしい土地はたくさんあるじゃない。まあ、そんなこと言うのは、大きなお世話ってもんか。

僕は日本を愛しているから、ずっとこの国で家族と一緒に暮らせたら幸せだ。よく役者が「舞台の上で死ねたら本望」なんて言うけど、冗談じゃない。そんなことやられたらえらい迷惑だ。飛行機乗りの僕も当然、空の上なんかじゃ死ねないよ。畳の上で死にたいね。

入れ歯だけはいいものを使おう

「食は健康の源」だとよく言うね。実際、その通りだと僕も思うよ。腹八分目の原則を守りつつも、三食しっかり食べてきたから、この丈夫な体ができあがっているんだと思っている。

そして、その食を支えているのが、「歯」だってことも忘れちゃならないな。

年配の人は特に気をつけなくちゃならないんだが、どんなに食欲があっても、歯が悪くなると満足な食事をできなくなっちまう。さらに、噛む力が落ちると脳への刺激が低下して認知症も進みやすくなるほか、歯周病に端を発するさまざまな病気のリスクも高まるらしい。

自分の歯を大切にするってことは、全身の健康を守るためにも、とても大切なことと言えるだろうな。

かく言う僕だが、実は若い頃から、ほぼ「総入れ歯」なんだ（笑）。戦時に入れ歯になっちまったの。

南方で戦争しているときに、虫歯になったのがきっかけだ。出撃中、飛行機の高度を上げると気圧が下がって、歯がめちゃくちゃ痛くなるんだ。部隊には歯医者もいることはいたが、南方の戦地なんかにいる歯医者は、当時の歯科医専を出てきてすぐ軍人になったような奴だから、経験が少なくてロクな治療ができない。

しかもそいつらは、すぐに歯を抜いちまう（笑）。歯医者ってのは抜くのが好きみたいでよ。それでほとんど抜かれちまって、内地へ帰ってきたときに、横須賀にあった海軍病院でほぼ総入れ歯にしてもらったのさ。

ところが、それも長くは持たず、すぐにガタがきちまった。その後も何年かに一度のペースで別の歯医者に行っては新しい入れ歯を作ってみたが、やっぱりダメ。最後に今から40年くらい前だったかな、「飛行機の練習をしたい」という歯医者に出会ったのさ。こいつがすごい技術の持ち主でね。今でも渋谷で歯医者をやっているよ。

そこに来る患者は、健康保険なんか使えない。車1台分くらいの入れ歯が入っている患者ばかり。そういう特別な歯医者だ。しかし、技術はとびきりいいときている。

「きちんとした入れ歯を私が作りましょうか」と言われたんだが、値段を聞いてぶったまげたね。全部で150万円だって言うんだ。

結局はそこまでかからず、数十万円で済んだけど、その彼が作ってくれた入れ歯が、40年経った今もこうして活躍中なんだ。

値段は高く、作るのに半年か1年かかったが、ご覧の通りきれいだし、長持ちするし、食べるのにもまったく支障がない。ステーキだって硬いお煎餅だって、へっちゃらさ。

だから、これから入れ歯を入れようとしている人たちには「料金をケチるな」というアドバイスを送りたいね。

歯がいいと、毎日の食事が楽しいし、長生きしたくなるもんだ。最後の晩餐《ばんさん》で何を食いたいかって？　まだまだ死ぬ気はないけども、お茶漬けかな。小料理屋で出てくるおいしいやつ。ステーキもいいが、日本人だから最後はやっぱり、お茶漬けだろ。

終活はまったくしていない

「終活」って言葉を最近よく聞くようになったね。人生の終わりについて考える活動のことで、延命治療、介護、葬儀、相続などについて自分の希望をまとめ、エンディングノートを書いたりすることをそう呼ぶらしいけど、僕はそんなもん、まったくやっていないし、やる気もないね。

というのも、年齢を考えて生活をしたことがないし、人生の終わりを意識したことがないからさ。これは強がりじゃなく、本当にそうなんだ。

そんな僕だから、自分がいつ死ぬのかなんて、まったくイメージが湧かないよ。でも人間の生き死にに関する運命は、決まっているんじゃないかなと思っている。根拠なんてないよ。そんな気がするってだけだ。

だから、自殺なんかする人はすごい勇気があると思うよね。自分で死のうなんて、僕にはできねえもん。高いところには慣れているけど、飛び降りるなんて怖いから嫌だよ。

昔からの親しい友人たちは、みんな先に死んじまった。葬式にもたくさん出てきたが、泣いたりはしなかったな。人間誰しもいつか死ぬんだから、しょうがねえだろって思っちまう。

遺恨を残したまま誰かと死別したことは一度もないね。そもそも僕は誰かと喧嘩することが嫌いで、喧嘩するぐらいなら付き合いをやめちまうタイプなんだ。縁が切れた人間の生き死にまでは、当然ながら関知しないよ。

そんなドライな性格の僕も、お袋が死んだときだけは涙がこぼれたな。僕が40代半ばのときに、老衰で亡くなったんだ。80歳だった。

そのときふと思い出したのは、戦死していった仲間たちのことさ。空で撃たれてケガして帰ってきた奴らが、入院して死ぬ。そいつらが死ぬ間際に言う言葉は「天皇陛下万歳」じゃなく、決まって「お母さん」だった。「お父さん」

って言う奴は1人もいなかったな。母は偉大なり、と改めて感じたもんさ。

自分もいつかは死ぬんだろうが、今のところその気配は微塵《みじん》もない。病気になったらどうするのかってたまに聞かれることもあるが、「病は気から」と思っているよ。つまり、自分の精神力さえ強ければ、病も近寄ってこないんじゃないかってね。体に病原菌が入ったとしても、自分の体には治癒力があると強く思っていれば、こじらせることはないんじゃないかな。


理想は「ピンピンコロリ」だよね。聖路加国際病院の名誉院長の日野原重明さんが昨年（平成29年）、１０５歳で大往生なさったけど、ああいうのに憧れる。まあ、なかなかそうはいかないのかもしれないけどさ。

まあいずれにせよ、死ぬのは人間の運命なんだから、僕が死んだときは黒白の幕はいらねえな。「楽しいパーティーをしてくれ」と今のうちに言っておきたい。線香臭いのだけはイヤだからさ。

友人を作るための三原則

同年代の友人はみんな死んでいなくなっちまったけど、寂しさはあまり感じないね。年下の飛行機仲間たちと楽しくやっているからさ。

年を取ると人付き合いが億劫《おっくう》になって、表へ出なくなっちまう人も多いみたいだが、外出しないと足腰が弱るし、人と話す場面が減ると頭とノドを使う機会も減って、どんどん老化が進んじまう気がするよ。

だからお年を召して孤独を感じつつある人は、今からでも遅くないから、趣味の仲間や飲み仲間でも探して、なんでも気軽に話せる相手を少数でいいから作ればいいんじゃないかな。

高齢になってから新たな友人を作るコツは、「誘いをなるべく断らないこと」と「偉そうにしないこと」と「ウソをつかないこと」だ。

僕自身、飛行機の操縦を教えた生徒さんなどから、「淳さん、今晩、食事でもどう？」と誘われる機会も多いけど、付き合いはいいほうだと思うよ。他に用事がない限りは喜んで参加するようにしているから。

誘ってくれるのは年下の人ばかりだが、僕は先輩面することが嫌いだし、「教官」とか「先生」とか呼ばれるのも苦手だ。

だからみなさん、僕のことを「淳さん」と呼ぶ。うんと年下の方でも「淳さん」さ。そうやって下の名前で呼んでもらうと、心の距離が縮まるのも早いから僕はいいことだと思っているよ。

もちろん、誘いがあっても、他に用事があるときはきっぱりと断るよ。ただし、2連続で誘いを断っちまったら、3度目はないと思っておかないといけない。その人との関係を続けたいと思うんなら、断った後日、こちらから改めて誘うのがエチケットだろうね。

僕が長く付き合いたいと思うのは、「ウソのない、飾らない人」だ。

自分を大きく見せようとしてウソをつくような人とは、友達になりたいとは思わない。「あの有名人は知り合いだ」だの「あいつには何千万の貸しがある」だの大きな話ばかりをするような奴は、まあたいていロクなもんじゃないよ。ああ、またこいつはホラを吹いていやがるなと思って、僕だったら距離を置いちゃう。

仮にその話が本当だとしても、そんなことを公の場で自慢げに言うような奴とは仲良くなりたくないもの。

相手からすごいと思われたい。相手から尊敬されたい。そういう欲求が強いうちは、なかなか本当の友人はできないかもしれないね。お互い背伸びすることなく等身大で話し合えてこそ、人付き合いは楽しいし、心も安らぐもんだから。

テレビを見ていても若手のタレントなんかがよく、自分をアピールするために大声を出したり大きなゼスチャーをしたりしているけど、ああいうのは見苦しいなと思う。大きなことをしなくても認められるような人がいいよね。

夫婦円満のコツは「ありがとう」

近頃、巷では「熟年離婚」が増えているみたいだね。厚生労働省のデータだと、同居期間が20年以上の離婚件数は、１９８５年は２万４３３４組だったのが、

２０１５年には3万８６４１組と、30年間でほぼ倍増しているらしい。

人様には人様の事情があるだろうから離婚の是非を語る気はないけど、僕自身は離婚したいだなんて思ったことは一度もないな。だって、女房が支えてくれていたからこそ、僕は今まで好きなことを続けてこられたわけだから、今さら離婚なんてしようものなら、それこそ僕は着陸する場所をなくした飛行機みたいになっちまう。

結婚してから今に至るまでの70年近く、家庭のことはほぼすべて女房が切り盛りしてくれている。50歳を目前にして僕がフリーのパイロットになると突然言い出したときも、一切反対することなく黙ってついてきてくれた。おかげで僕はこうして今も空を飛び続けていられるんだ。

自分自身としたら幸せな人生を送っていると思うけど、女房はどうなのかな、とたまに考えることもあるよ。もっといい人といい生活をできたんじゃないか、とね。でも彼女は不平不満を口に出さず、ずっとついてきてくれた。だから僕としては感謝の気持ちしかなく、このままずっと一緒にいたいと思っているよ。

ついでだから、女房とのなれそめを話そうか。出会ったのは戦後、僕が25歳、彼女が18歳のときだった。

僕が鵠沼《くげぬま》、彼女は片瀬江ノ島に住んでいたから、まあ家が近いっちゃ近かったんだよ。そのあたりは当時、戦争中に東京から疎開してきてそのまま移り住んだ人も多く、また、別荘も多かった。

たまたま大きな別荘を持っている知人がいて、そこでパーティーを開くっていうんで、僕は闇ウイスキーを持って遊びに行ったら、当時まだ女学生だった彼女が参加者の1人としていたんだよ。お父さんに連れられて来た、と言っていたな。

女学校の下級生たちも来ていて、みんなが彼女のことを「ママ」「ママ」と呼ぶんだよね。こんなに若いのにお母さんなのかと思ったら、そうじゃなく、おおらかで面倒見のいいママのような性格だったから、そんなアダ名がついたらしい。

僕も彼女のそういう性格に魅力を感じて交際を始め、3年後、僕が28歳、彼女が21歳のときに結婚をしたんだ。

飛行機仲間からは、いまだによくこう言われるよ。

「淳さんは、奥さんがいるから助かっているね」と。

なんで僕をほめないんだとも思うけど、まあ、うちの女房のことを悪く言う人は1人もいないよ。どこにも敵がいないタイプ。僕も素晴らしい奥さんだと思っているよ。

夫婦円満のコツ？　相手がやってくれたことに対し、「ありがとう」と口に出して言うことだね。黙っていてもわかるだろ、という態度だと誤解が生まれ、それが積み重なると、修復不能なヒビが入っちまうこともある。だから感謝の気持ちは言葉にして伝えることが大事なんじゃないかな。「いつもありがとう」とね。

年を取るのは寂しいことじゃない

「年を取るのは寂しいことだ」と多くの人は言うけれど、僕にはまったくピンとこないね。年なんて勝手に取っているだけのもんだから、そこにはなんの感情も抱きようがないよ。

こないだ95歳になって、おめでとうのケーキが出てきた。祝ってくれたこと自体はありがたいけど、年齢に対する感慨はない。これは僕の性格的なもんなのかもしれないけど、良くも悪くもいつも平常心なんだよ。喜怒哀楽の波が少ない。感受性が乏しい、とも言えるかな（笑）。

「あと何回、桜の花を見られるんだろうか？」みたいな年寄りのぼやきをよく聞くけど、そういうメランコリックな感情は正直なところ、さっぱり理解できないんだ。そもそも僕は草木に興味がない。飛行機からいつも見ているからか、わざわざ地上で高尾山に登って紅葉を見たいとか、まったく思わないんだよ。金木犀《きんもくせい》の香りを嗅ぐと「あ、秋が来たな」とは思うけど、それだけ。それ以上の情感は湧いてこない。だから僕は、詩人や俳人には絶対になれねえな(笑)。

物への執着も薄いほうだと思う。お気に入りの飛行機は何機かあるが、日用品は使えりゃなんでもいいといった感じで、高い腕時計を集めたりする趣味は一切ない。表彰状や記念品も飾りはせず、すべて押し入れの中で眠っているよ。自己愛は多少あるけど、自己顕示欲は皆無だね。人から頼まれたことには協力するけど、自分から何かを売り込んだりアピールしたりすることはまったくない。対人関係もドライなほうだ。

文化への興味はどうだろう。95年も生きてきたんだから、「これだけは読んでおけ！」みたいな本を1冊くらい紹介したいところだけど、そういうのも特にないんだよ（笑）。読むのは飛行機関係の本ばかりだから、一般の人にはオススメできない。

映画もそう。飛行機が出てくる作品は見るけど、時代劇や恋愛ものや深刻な作品は好きじゃない。テレビも、頭を使わなくても楽しめるスポーツや、『天才！志村どうぶつ園』をたまに見る程度だ。

そんな僕だけど、おいしいもんには興味津々だ。

近くにうまい店ができたと聞いたらすぐに飛んで行くし、散歩中や車で走っている最中に気になる店を見つけたら、後日、腹をすかして訪問するよ。特に日本そばに目がなくて、路地裏にある、こだわりのおやじが黙々とそばを打っているような店を見つけた日には、うれしくなっちゃうね。


こうして自分という人間を改めて見つめてみると、物事をあまり深刻に考えないタイプだということがよくわかる。動物っぽいとでも言うのかな。そして、懐古的なところやロマンチックなところもない。

それがいいことなのか悪いことなのかはわからないけど、もしかしたらこういう性格だから、長生きできているのかもしれないね。

これからも僕は僕らしく、生きていこうと思っているよ。

おわりに

寝ている最中に夢を見ることがよくあります。それは楽しい夢ばかり。仲間と飛行機に乗って空を飛んでいる夢もたまに見ます。

でも不思議なことに、戦争中の夢は見たことがない。それは僕が前向きな性格だからかもしれませんし、あるいは、あまりにも強烈すぎた出来事だから夢に出ないよう脳内で制御されてしまっているのかもしれません。

戦争は人類が犯す大きな過ちの一つで、僕だって戦争になんか行きたくなかったというのが本音です。何しろ今までの人生の中で一番うれしかったのは、終戦の一報を聞いた瞬間なのですから。

では、生き残った僕は何をするべきか？　戦争の悲惨さを広く語り継いでいくのも一つの選択肢でしょう。でも僕は嫌なことはきれいさっぱり忘れてしまいたい性格だから、それは難しい。僕にできることといえば、空を飛ぶ楽しさをみなさんに伝えていくこと、そして、そのための日々の反省と努力を重ねること。それだけです。

基本は楽天家の僕ですが、本書でも触れた通り、こうして目覚めている間は、フライトにまつわることを中心にさまざまなことを反省しています。なぜ反省するのかというと、うぬぼれないため。言い換えるなら、いつも進歩していたいからです。せっかく人として生まれてきたのだから、僕は死ぬまで進歩したい。昨日の自分よりも今日の自分のほうが格好良くありたい。それが生きるということだと思っています。

とはいえ、いつまでも一つのことをクヨクヨと反省はしません。課題が見つかったら、「よし、次回からはこう改善しよう」と、すぐに前向きに気持ちを切り替えます。備えあれば憂いなし。課題にどう向き合うか、心の準備さえしておけば、何事にも余裕を持って取り組めるようになります。

「常に余裕を」

これは僕の座右の銘です。余裕は笑顔を生み、笑顔は平和をもたらします。どんな方の日常にもさまざまな問題が起きるでしょうが、もし誰かと衝突しそうになったら、この言葉を思い出してみてください。

きっと怒っている自分が格好悪く思えてしまい、衝突以外の解決策を冷静に考えられるようになるのではないでしょうか。

みんながそういう心の余裕を持てるようになれば、世の中からつまらない紛争や戦争はなくなるんじゃないかと僕は思っています。

一度きりの人生です。誰かをこらしめるためではなく、誰かを喜ばせるために生きてみませんか。

2018年3月

高橋 淳

95歳、余裕綽々《しゃくしゃく》

世界最高齢パイロットの人生操縦術

2018年3月25日　初版発行

著者　高橋　淳

高橋 淳（たかはし・じゅん）
大正11年10月8日、東京都生まれ。予科練を経て、昭和16年、甲種飛行予科練習生として海軍に入隊。太平洋戦争には一式陸上攻撃機のパイロットとして従軍した。戦後は小型機とグライダーのパイロット・教官として活躍し、現在に至る。社団法人日本飛行連盟名誉会長、赤十字飛行隊隊長。事業用パイロット世界最高齢ギネスワールドレコード更新中。国際航空連盟のポール・ティサンディエ賞、国土交通大臣賞、厚生労働大臣賞など、数々の賞を受賞。『世界ふしぎ発見！』（TBS）、『1億人の大質問!?笑ってコラえて！』（日本テレビ）、『徹子の部屋』（テレビ朝日）など、メディアの出演多数。

※第1章「飛行機乗りとしての歴史」は、『淳さんのおおぞら人生、俺流』（イカロス出版・2008年。現在は電子書籍のみ販売）の「俺と空のつきあいの航跡」を引用、参考にして構成

発行者　横内正昭
編集人　岩尾雅彦
発行所　株式会社ワニブックス
〒150-8482
東京都渋谷区恵比寿4-4-9　えびす大黒ビル
電話　03-5449-2711（代表）
03-5449-2716（編集部）

装丁　橘田浩志（アティック）
カバーデザイン　小口翔平＋喜來詩織（tobufune）
校正　玄冬書林
取材　岡林敬太
編集　小島一平（ワニブックス）

印刷所　凸版印刷株式会社
DTP　有限会社　Sun Creative
製本所　ナショナル製本

定価はカバーに表示してあります。
落丁本・乱丁本は小社管理部宛にお送りください。送料は小社負担にてお取替えいたします。ただし、古書店等で購入したものに関してはお取替えできません。

ISBN 978-4-8470-6606-1
ワニブックスHP　http://www.wani.co.jp/
WANI BOOKOUT　http://www.wanibookout.com/